그때도 좋았지만, 지금도 좋아!

그때도 좋았지만, 지금도 좋아!

한비야 지음

돌아온 바람의 딸 한비야의
떠나며, 배우며, 나누는 삶에 대하여

중앙books

프롤로그

돌아온
바람의 딸

"여행 얘기를 써야겠어! 여행에 관한, 여행을 배경으로 한, 여행에서 길어 올린 이야기들 말이야."

지난해 네팔 트레킹 중 해발 4,200m 고지에서 매섭게 추운 새벽, 따끈한 밀크티를 마시며 이렇게 결심했다. 그동안 기를 쓰고 여행 이야기를 피해왔던 나에게 무슨 일이 있었던 걸까?

"바람의 딸은 잊어주세요!"

25년 전, 국제구호개발 NGO 월드비전에 들어가면서 나는 오지여행가 이미지를 지우려 애썼다. 긴급구호팀장으로 48시간 안에 대형 재난 현장으로 달려가 사람 살리는 일을 하는데, 여전히 '여기저기 놀러 다니는 사람'으로 보이는 게 싫어서였다.

그래서 여행 관련 인터뷰, 강의나 원고 청탁은 한사코 사양했다. 대신 "이제 나는 다니는 바람의 딸Daughter of the Wind이 아니라 희망을 전하는 바람의 딸Daughter of the Hope입니다"라고 말하고 다녔다. 그러나 한번 각인된 여행가 이미지는 좀처럼 사라지지 않았다.

"어머 한비야 님, 이번엔 어디 가세요?"
"말리요!"
"아, 발리요? 겨울 여행으로 딱이죠."
"발리가 아니라 서아프리카 말리요. 내전으로 대량 난민이 발생해서 긴급구호차 가는 중이에요."

공항에서, 비행기 안에서 이런 대화를 수없이 주고받았다. 그럴수록 여행가와는 거리를 두어야겠다고 더욱 단단하게 마음먹었다.

그런데 지난해 네팔에서, 내 마음을 완전히 바꾸는 일이 일어났다. 내 또래 한국인 여행자 몇 명이 나를 알아보고 반갑게 말을 걸었다.

"이렇게 여행 다니면서 왜 여행 책은 더 안 쓰세요?"
"어머, 오지여행가 졸업한 지가 언젠데요?
"누구 맘대로 졸업을 해요? 한 번 바람의 딸은 영원한 바람의 딸이죠."

번쩍, 우르릉 꽝! 순간, 번개를 맞은 듯 머리와 등골이 찌릿했다. 예전에도 수없이 들었던 말이지만 그날은 웬일인지 가슴 한가운데에 정통으로 꽂혔다. 그동안 흘려보냈다고 생각한 말들은 내 안의 항아리 속에 차곡차곡 고여 있다가, 그 한 마디가 마지막 한 바가지 물이 되어 마침내 항아리를 넘치게 한 것 같았다.

그날 오후 마차푸차레를 향해 걸으며 생각했다. 그래, 누구 맘대로 졸업했단 말인가? 어제의 내가 없었다면 오늘의 나도 없는 거다. 그때의 '바람의 딸'이 아니었다면 지금 가슴 뜨겁게 일하는 긴급구호도, 대학교수도, 세계시민학교도 없었을 것이다. 어제와 오늘이 이렇게 절묘하게 이어져 감사하기만 한데, 그동안은 왜 그 시간을 흑역사인 양 피하려고만 했을까?

그때의 여행, 지금의 여행

나의 열한 번째 책은 이렇게 시작되었다. 쓰겠다고 마음먹으니 머릿속은 순식간에 글쓰기 모드로 전환되었다. 꼭지 후보를 쭉 나열하기만 해도 설레고 흥분됐다. 무엇보다 '돌아온 바람의 딸'로 글을 쓴다고 생각하니 오랜만에 고향에 돌아온 듯 편하고 따뜻했다.

이 책은 '바람의 딸' 시리즈와는 확연히 다르다. 여전히 여행 중 만난 사람들, 길 위에서 건져 올린 생각, 40년 차 베테랑 지구여행자의 여행 꿀팁들이 풍성하게 담겨 있다. 그러나 예전보다 한결 느긋해진 속도와 시선으로 본 세상, 디지털 시대에 아날로그식 여행을 하며, 여행 파트너와 부딪히고 맞춰 가는 이야기도 가득 실었다.

이번 책을 쓰면서 새삼 알게 됐다. 나는 배우는 걸 좋아하는 사람이란 걸. 돌아보니, 여행 역시 뭔가 새로운 자극을 받고 새로운 생각을 하고 새로운 것을 배우기 위한 도구나 과정이었다. 그래서 책 곳곳에 공부가 취미인 사람의 즐겁게 배우는 이야기도 많이 나오니 기대하시라! (실은 책 제목을 《한비야의 여행학교》로 하려고 했다.)

하지만 원고를 마무리하면서 결정적으로 중요한 한 가지를 깨달았다. 30, 40, 50대, 버거운 목표를 향해 치열하게 살 때도 좋았지만, 지금처럼 만만한 목표를 향해 느슨하게 사는 것도 못지않게 좋다는 것을. 한여름의 땡볕은 땡볕대로 좋고, 늦가을의 노을은 또 그래서 좋은 것처럼 말이다. 덕분에 최종 제목을 이렇게 정했다.

그때도 좋았지만, 지금도 좋아!

북한산 족두리봉이 보이는 공부방에서
2025년 가을에, 한비야

차례

프롤로그 돌아온 바람의 딸 _5

1장 경주마처럼 달리기만 한 당신에게

천천히 걷는 법을 배우는 중입니다 _15

돌아다니면서 돕는 '싹쓸이'와 '내돈내도' _24

나만의 행복 루틴: 하루 한 사람 기쁘게 하기 _42

속사람 발견하기 프로젝트 I _50

속사람 발견하기 프로젝트 II _63

2장 세계시민, 한비야입니다

닳고 닳은 왼쪽 무릎, 예전엔 하인, 지금은 상전 _75

햇병아리를 독수리로 만드는 즐거움: 학부 수업 _83

가르치며 배우고, 배우며 가르치는 시간: 대학원 수업 _92

나는 지구촌이 아니라 지구집에 산다 _98

내 영혼을 갈아 넣은 20년: 세계시민학교 _104

여기는 방글라데시 로힝야 난민촌 _116

로힝야 난민, 정녕 내일은 없는가 _133

3장 힘든 여행은 있어도 나쁜 여행은 없다

가출로 시작한 세계여행 _145
바람의 딸 시즌 2: 짝꿍과 하는 여행 _155
디지털 시대의 아날로그 여행자 _167
여행 중 외국어 공부는 마당 쓸고 엽전 줍는 일 _179
이제는 '이기적'으로 여행할 때 _191
슬기로운 여행: 따로 또 같이 _204

4장 그때도 좋았지만, 지금도 좋아!

한비야의 은퇴학교 _221
오가는 인연에 연연하지 않는 '인연 열차론' _235
맘 편하게 살기 위한 네 가지 만트라 _244
모든 것에는 때가 있나니: 지금이 바로 인생에서 가장 좋은 때 _258
그때도 좋았지만, 지금도 좋아 _266

에필로그 내 곁을 지켜준 독자들에게 _275

1장

경주마처럼
달리기만 한
당신에게

천천히
걷는 법을
배우는
중입니다

"천천히 걷는 법을 배워야 한다고요?"

총알처럼 달리던 경주마가 퇴역하면 걷는 법을 배운다는 게 선뜻 믿기지 않았다. 아니 미적분 풀던 학생이 왜 더하기, 빼기를 새로 배워야 한단 말이야? 내 의아한 표정이 재미있었는지 동네 승마장 카페에서 만난 30대 여자 조련사가 웃으며 말했다.

"지금 훈련 중인 경주마가 있는데 직접 가서 보실래요?"

이곳은 네덜란드 남부 우리 집 근처에 있는 여섯 개 말 훈련소 중 하나다. 주민 4,000여 명의 작은 시골 마을에 이렇게 많은 훈련소가 몰려 있는 건 드넓은 목초지, 네덜란드에서 두 번째로 큰 레인더 숲, 그리고 독일·프랑스·벨기에로 이어지는 교통의 편리함 덕이다. 훈련소마다 20~30마리 정도 말을 승용마로 훈련하면서 관리해 주는데, 병들었거나 나이 든 말들이 여생을 보내는 말 호스피스도 있다.

숲 초입의 이 훈련장에는 각종 장애물을 넘으며 훈련하는 말을 구경하러 오는 사람이 많다. 나는 말 구경보다 이 훈련소 카페의 맛있는 3단 아이스크림에 이끌려 레인더 숲에서 자전거를 타거나 산책 후에는 꼭 들른다.

자주 가다 보니 훈련소 관계자들과 자연스레 얼굴을 트게 되었고, 그중 블랙핑크의 찐팬이자, 송혜교를 닮은 30대 5년 차 조련사 아냐에게서 퇴역 경주마 훈련 이야기를 처음 들었다.

"3개월째 퇴역 경주마를 일반 승마용으로 전환 훈련 중인데, 지금까지 해본 일 중 제일 까다롭고 힘들어요."
"그냥 천천히만 걸으면 될 텐데 왜 훈련까지 필요해요?"

"하하하! 다들 그렇게 생각하죠. 그런데 경주마는 천천히 걷는 법을 배운 적이 없거든요."

훈련장 안에는 근육질의 검은 수말이 수석 조련사를 따라 천천히 원을 그리며 걷고 있었다. 이름은 선더볼트, 나이 다섯 살 '번개돌이'는 다른 경주마처럼 생후 6개월 무렵 기초훈련에 들어가, 1.5살 때부터 강도 높은 훈련을 받고는 두 살 때 경주에 나가면서 전성기를 누렸다. 하지만 네 살이 되자 서서히 성적이 떨어지기 시작했고 관절과 근육 부상까지 겹치면서 결국 퇴역했단다.

문제는 말의 평균 수명이 25~30년이라는 점이다. 퇴역 이후에도 남은 시간이 워낙 길다 보니, 말 주인들은 이들을 승마용으로 전환해 다시 활용하려 한다. 하지만 그 과정이 결코 쉽지 않다.

"뭐가 그렇게 어려워요?"

베테랑 조련사 헨드릭에게 물었다.

"경주마는 눈가리개를 쓰고 앞만 보고 달리도록 훈련받아서, 천천히 걷거나 주변을 살펴본 적이 없어요. 또 옆에 다른 말이 있으면 무조건 앞서려 하고 장애물 앞에서는 크게 당황하죠. 게다가 다리는 전력 질주용 근육으로 길러져서 느릿한 동작 자체가 어려워요."

헨드릭과 얘기하는 동안, 아냐는 번개돌이에게 무릎 정도의 낮은 허들 넘기 훈련을 시작했다. 놀랍게도 번개돌이는 첫 번째 허들 앞에서 앞발을 들었다 놓았다 하며 쩔쩔맸다. 발을 살짝만 들어도 얼마든지 넘을 수 있을 텐데 말이다. 보기 안쓰러워 속으로 '넘어가, 넘어가!'를 외쳤지만, 결국 뒷걸음치고 말았다.

"괜찮아, 우리 내일 다시 해보자."

헨드릭이 말의 얼굴에 자기 얼굴을 맞대며 다정하게 속삭였다.

전환 훈련에서 가장 어려운 건 '훈련된 성격'이라고 한다. 어릴 때부터 치열한 경쟁 속에서 긴장하며 살아왔기 때문에 출발 신호와 비슷한 높은 소리나 자극에 민감하고 쉽게 흥분한단다. 이런 예민한 성향을 차분하고 안정된 승마용으로 바꾸려니 힘들 수밖에.

"훈련에 실패하면 어떻게 되나요?"
내가 조심스레 물었다.
"간혹 승마학교 교육용이나 종마용으로 쓰기도 하지만 대부분은 폐기 처분돼요."
"폐기 처분이오?"
"안락사나 도축된다는 뜻이죠. 쓸모없는 말을 계속 관리하기엔 비용이 너무 많이 들거든요."

갑자기 등골이 서늘해졌다. 꼭 우리 이야기처럼 들렸기 때문이다. 우리 역시 어릴 때부터 경쟁에 이기기 위한 혹독한 '경주마식 훈련'을 받지 않는가. 앞만 보고 달리라고, 주춤하면 밀리고, 밀리면 끝이라고.

왜 경주마처럼 살아야 하나?
그래서 그동안 천천히 걷는 법을 제대로 배운 적이 없었다. "자기 속도로 살아라", "느려도 괜찮아" 등 그럴듯한 말은 무성하지만, 실제로 그렇게 사는 사람은 찾아보기 어려웠다. 천천히 살면 뒤처질 것 같은 불안감이, 내 속도로 살다가는 밀려날 것 같은 초조함이 늘 따라다녔다. 그래서 눈가리개까지 한 채 달리고 또 달렸다. 그런 우리를 보고 사람들은 박수를 보냈다.

"바로 그거야. 그러나 아직 멀었어. 더 빨리 달려야 해, 더 빨리!!!"

그렇게 물 오른 두 살 경주마처럼 끊임없이 더 높고 버거운 목표를 향해 전력 질주했다. 마치 속도를 내기 위해 태어난 것처럼, 달려서 낸 성과만이 나의 정체성이자 가치이자 자부심인 것처럼.

하지만 우리도 4, 5살 경주마처럼 속도가 느려지고 부상도 입으면서 점점 뒤처지기 시작한다. 누군가는 이미 일선에서 물러나고 누군가는 물러날 준비를 한다. 물러난 후에는 과연 옆을 살피며 천천히 걸을 수 있을까?

아마 아닐 거다. 출발 신호에 박차고 나가 무조건 옆 말보다 빨리 달렸던 그 익숙한 삶을 바꾸려면, 우리도 번개돌이처럼 전환 훈련이 필요할지 모른다. 더 이상 경쟁해서 이길 필요가 없는 인생의 새로운 국면에 들어섰다는 사실을 인지하고 받아들이는 훈련 말이다.

"경주마는 전환 훈련 중에도 틈만 나면 다시 뛰려고 해요. 그게 제일 잘하던 일이고 그게 존재의 이유였으니까요."

나도 마찬가지다. 아직도 전력 질주할 때를 그리워하며 천천히 걷는 시간, 쉬어 가는 시간이 불편하고 낭비처럼 느껴진다. 고백하건대 나는 아직도 자는 시간이 아깝고 여행조차도 계획에 따른 성과물로 만들어야 직성이 풀린다. 이 경주마 습관, 아마 한동안 계속될 것이다. 그런 나에게 오늘 번개돌이가 나직하게 말을 건넨다.

"나도, 당신도 더 이상 뛰지 않아도 돼요. 그동안 충분히 잘 달려왔으니 이제 우리, 천천히 걷는 법을 배워요."

그래, 내게도 이런 때가 온 거다. 속도 대신 여유를, 성과 대신 자기만족을, 버거운 목표 대신 오늘 하루의 기쁨을 향해 천천히 걸어가야 할 때가 온 것이다.

그때 누군가의 요란한 휴대폰 알람 소리가 훈련장에 울려 퍼졌다. 그 소리에 놀란 번개돌이가 앞발을 높이 들며 날뛰기 시작했다. 가까이에서 본 번개돌이의 커다란 눈엔 불안과 긴장이 역력했다. 헨드릭이 재빨리 달려와 말 목덜미를 꼭 안고 쓰다듬으며 진정시켰다. 이 모습을 지켜보다가 내가 걱정스레 물었다.

"번개돌이, 훈련 마치면 승용마가 되는 거죠?"

내 물음에 핸드릭이 잠시 주저하다 답했다.

"솔직히 가능성은 반반입니다"

그 순간, 번개돌이의 맑고 까만 눈과 마주쳤다. 동시에 내 마음 깊은 곳에서 응원의 목소리가 터져 나왔다.

'파이팅 번개돌이! 넌 할 수 있어! 넌 해낼 수 있어!'

번개돌이를 응원하듯 나 자신도 응원해본다. 나 또한 이 전환의 시간을 잘 지나서, 천천히 걷는 삶에 익숙해지기를. 그리하여 앞으로 남은 날들을 하루하루 마음 가볍게, 산책하듯 느긋하게 살아갈 수 있게 되기를.

부디 그렇게 되기를!

돌아다니면서 돕는 '싹쓸이'와 '내돈내도'

내 직업은 국제구호, 남을 돕는 일이다. 내 취미도 개인기도 남 도와주는 일이다. 그렇다고 내 한 몸 바치고 전 재산을 털어서 돕는 건 절대로 아니다. 그런 인물이 못 될뿐더러 과하게 돕고 나면 꼭 후회가 뒤따른다. 그래서 나는 기분 좋게, 할 수 있는 만큼만 한다.

가끔 내가 얼마나 많은 사람들의 도움으로 여기까지 왔는지를 떠올리면 정신이 번쩍 들면서, 좀 더 적극적으로 주위를 살피게 된다. 방법은 다양하다. 돈이 아닐 때도 많다. 재능으로 시간으로, 어느 때는 간절한 기도로 그때그때 필요한 힘을 보탠다.

여행 중에도 마찬가지다. 내 눈에 띄는 일을, 할 수 있는 일을 기분 좋을 만큼만 한다. 남편 안톤과 나는 이걸 '싹쓸이'와 '내돈내도'라 부른다. '싹쓸이'는 좌판 물건을 몽땅 다 사는 수법(!)이고, '내돈내도'는 도움이 필요한 사람이 눈에 띄면 즉시 내 주머니를 털어 돕는다는 말이다.

월드비전에서 일할 때는 수백억 원 규모의 자금으로 수십만 명을 구호하고 구제했다. 내가 작은 손을 가지고도 '큰손'으로 불린 이유이기도 하다. 그러나 시스템화된 대규모 지원에는 가장 절박한 사람들이 제외되는 사각지대가 있게 마련이다. 시급한 순간에 즉시 도움을 줄 수 없는 구조적 한계도 있다. 반면에 '내돈내도'는 지금 내 눈앞에 있는 사람을 내 판단에 따라 내 돈으로 직접 도울 수 있으니 효과성, 효율성, 만족도가 100점 만점에 120점이다.

무엇보다 내 돈으로 하니 누구에게 후원을 부탁하거나 설득할 필요가 없고, 집행 후 결과 보고나 감사 받을 필요도 없어서 너무 좋다. 나는 아직도 해외여행만 나가면 짠순이 왕소금 배낭여행자 모드로 자동 전환된다. 돌아돌아 가더라도 비행기는 가장 싼 비행기, 하염없이 기다리더라도 저렴

한 현지 완행버스를 타고, 물어물어 가더라도 제일 싼 숙소에 묵는다. 그렇게 아낀 돈을 싹쓸이나 '내돈내도'에 팍팍 쓸 때마다 '한비야, 멋져부러'라고 자뻑할 수 있어 더욱 좋다.

별건 아니지만 오랫동안 기분 좋았던 싹쓸이 쇼핑의 예를 여러분도 기분 좋으라고 몇 가지만 나눠볼까 한다.

쿠바의 별 목걸이

신혼여행으로 쿠바에 갔을 때다. 크리스마스 전날, 트리니다드라는 아름다운 옛 도시엔 성탄절 무드가 넘쳐흘렀다. 거리의 악사들은 흥겨운 크리스마스 캐럴을 연주했고, 고색창연한 성당에선 은은한 성탄 장식 불빛이 새어 나왔다. 우리는 자정 미사 전, 이 들뜬 분위기를 만끽하며 어슬렁거리다 성당 앞 좌판에서 목걸이를 팔고 있는 할머니를 보았다.

가까이서 보니 관광객들의 눈길을 끌기에 목걸이는 너무 조악해 보였다. 우리가 다가가자 "전부 내가 직접 만든 거예요"라며 별 모양 나무 열매로 만든 목걸이를 자랑스럽게 보여주었다. 아직 9개나 남았는데 자정까지 이걸 어떻게 다 판단 말인가? 다음 순간, 안톤과 내 눈이 마주쳤고 서로 고개를 끄덕였다. 싹쓸이하자는 합의가 이루어진 거다.

"할머니, 목걸이 다 주세요."

깜짝 놀란 할머니가 "Todos(전부요?)"라고 되물었다.

"네, 몽땅요. 할머니도 빨리 팔고 집에 가야 하잖아요? 내일이 크리스마스인데."

할머니는 내 마음이 변하면 큰일이라는 듯 서둘러 싸주며 말한다.

"9개인데 7개 값만 주세요. 두 개는 두 분한테 주는 크리스마스 선물이에요. Feliz Navidad(메리 크리스마스)!"

목걸이 봉지를 건네고는 내 머리에 가만히 손을 얹고 축복까지 해주었다.

"Sin descuento, Por Favor(제발 가격을 깎지 말아주세요)!"

안톤이 오른손 검지를 들어 양옆으로 흔들었다. 7개 값만 받겠다며 완강히 저항(!)하는 할머니를, 서툰 스페인어로 한참을 구슬려 마침내 제값을 다 낼 수 있었다.

이 9개의 '쿠바 별 목걸이'를 신혼여행 선물이라며 가까운 사람들에게 나눠주었는데 모두들 너무나 좋아했다. 하나같이 "목걸이, 참 예쁘다"가 아니라 "싹쓸이 얘기, 참 좋다" 하면서.

진저 맨과 진저 레이디

재작년 멕시코 여행 중에도 이런 일이 있었다. 버스로 24시간 걸려서 밤늦게 북쪽 끝인 산 크리스토발에 도착했다. 초죽음 상태로 눈을 반쯤 감고 발을 질질 끌며 숙소로 가는데, 그 밤중에 한 아이는 업고 한 아이는 옆에 앉힌 채 생강을 파는 젊은 엄마가 눈에 띄었다. 그 와중에도 안톤과 내 눈이 마주쳤다. 오케이! 좌판에 놓인 생강을 몽땅 달라고 했더니, 아이 엄마가 미심쩍은 표정(!)으로 한마디 한다.

"이걸 다 뭐하려고요? 한 무더기만 사세요."
"아니에요, 다 주세요. 우리, 생강 좋아해요."

숙소에 도착해서는 가방 한 가득 든 싹쓸이 생강을 숙소 매니저와 운전기사, 청소하는 아줌마에게 골고루 나눠주었다. 아닌 밤중에 웬 생강인가, 의아해하는 이들에게 아기 엄마 집에 빨리 가게 해주고 싶어서 몽땅 샀다니까 눈을 휘둥그레 뜨며 한목소리로 이렇게 외쳤다.

"Increíble(맙소사)!"

이들은 우리가 그 숙소에 머문 3일 내내, 안톤과 나를 진저 맨, 진저 레이디라고 부르며 방을 무료 업그레이드해주고, 방에 생화를 꽂아두는 등 그들이 해줄 수 있는 최대한의 편의를 봐주었다. 싹쓸이 쇼핑의 선순환이다.

이뿐인가. 튀르키예 남부를 여행하다가 시리아 난민 여자아이가 한여름 땡볕에서 파는 500ml 생수 10병을 싹쓸이하는 바람에, 그 무거운 가방을 메고 다니느라 하루 종일 비지땀을 흘렸고, 남미 볼리비아에서는 남자 꼬마에게서 싹쓸이한 형형색색 사탕들이 더위에 몽땅 녹아서 아끼던 가방이 총천연색으로 물들기도 했다.

이런 먹거리 싹쓸이는 한국에서도 한다. 엊그제도 저녁 늦게 지하철 안에서 의성 간 마늘 네 봉지와 국산 땅콩 두 봉지를 3만 2,000원에 싹쓸이했다. 할아버지는 떨이니까 3만 원만 달라고 했지만 옆에 있던 안톤이 또 오른쪽 검지를 흔들며 큰소리로 "No discount!" 해서 모두 한바탕 웃었다. 70대 후반으로 보이는 할아버지는 오늘은 일찌감치 떨이했다며 싱글벙글하셨다. 이미 밤 10시가 넘었는데 무슨 일찌감치….

우리 싹쓸이 원칙은 간단하다. 날이 저물었는데도 좌판에서 소소한 물건을 팔고 있는 아이 엄마나 노인들의 물건은 최우선으로 싹쓸이한다. 특히 채소 등의 먹거리는 그날 다 못 팔면 고스란히 손해이니까 1순위 중에 1순위다.

아주 덥거나 추운 날 꼬마들이 파는 물건도 마찬가지다. 구걸하는 사람들에게 돈을 주는 건 망설여지지만, 뭔가를 파는 사람들을 돕는 건 훨씬 쉽고 마음도 편하다.

어느 날 우리 가방에 특정 물건이 넘친다면 그건 십중팔구 싹쓸이 품목이다. 이 물건을 주위 사람들에게 사연을 곁들여 나눠주는 맛도 쏠쏠하다. 이게 은근히 중독성이 있어서, 이제 우리는 호시탐탐 이렇게 말할 기회를 노리게까지 되었다.

"이거 다 싸주세요!"

눈치 볼 것 없는 '내돈내도': 교복의 기적

싹쓸이가 소소하고 즉흥적인 쇼핑이라면 '내돈내도'는 조금 더 신중하게 생각한 뒤에 실행한다. 도움 받는 사람에게는 그것이 인생의 중요한 사건일 수도 있기 때문이다. 또한 내가 마치 대단한 시혜를 베푸는 듯한 태도를 보이지 않도록 스스로를 경계하고 또 경계해야 한다.

최근 있었던 '내돈내도'의 몇 가지 얘기도 나눠볼까?

과테말라 시골에서 있었던 일이다. 8, 9살 남짓한 여자아이가 갓난쟁이 동생을 업고 우리 숙소에서 청소 일을 하는 엄마를 찾아왔다. 저 나이라면 이 시간에 학교에 있어야 마땅한데…. 호기심 가득한 눈으로 나를 스캔하는 아이에게 웃으며 물었다.

"아기가 아기를 업었네! 너 오늘 학교 안 갔어?"
"저 학교 안 다녀요. 가고는 싶지만 동생들 봐야 하거든요."

눈치를 보는지 엄마 쪽을 힐끔 보며 대답했다. 우리 쪽을 쳐다보는 엄마 얼굴에는 미안함이 가득했다.

그날 오후에 아이 엄마 부수입을 올려줄 겸 평소에 하지 않던 빨래를 맡기면서 좀 더 자세한 얘기를 들었다. 사연인즉 동생도 동생이지만 도시로 돈 벌러 간 남편 일거리가 없어서 그렇단다. 똘똘한 딸 마르타를 학교에 보내려면 교복이 필요한데 지금 수입으론 도저히 그럴 여유가 없다는 거다. 그 동네 초등학교는 학비는 무료이지만 교복은 본인이 사 입어야 하기 때문이다.

"교복만 있으면 학교 갈 수 있는 거예요?"
"그럼요. 내년에는 어떻게든 보낼 거예요."

슬쩍 물어보니 하복과 춘추복 두 벌이 2만 5,000원 정도였다. 몇 군데 숙소 청소해서 버는 돈이 한 달에 약 6만 원인 아줌마에게는 큰돈이다. 그 순간 안톤과 눈이 마주쳤고 우리는 동시에 고개를 끄덕였다.

"우리가 교복 사주면 당장 보낼 수 있어요?"
"네?"

우리 말을 못 알아들은 엄마와 아이는 어리둥절해했다.

"마르타, 네 친구들 중에서 너처럼 교복 없어서 학교 못 가는 아이들 있어?"
"네, 네네. 내 친구 중에 카르멘, 마리아, 안나 이렇게 3명 있어요."

이미 안톤과 내 머릿속에는 '내돈내도' 프로젝트가 가동되기 시작했다. 마침, 다음 날이 일요일이라 동네 성당에서 마르타 친구들과 부모를 만날 수 있었다. 그들도 비슷한 사정으로 아이들을 학교에 못 보내는 걸 매우 미안해했다. 미사가 끝나고 60대 후반의 신부님에게 네 명의 여자아이에게 교복을 사줘서 학교에 보내고 싶다고 했더니, 반색을 하면서도 한술 더 뜬다.

"이미 학기가 시작되었지만 내가 말하면 받아줄 거예요. 근데 학교가 산 넘어 마을에 있어서 슬리퍼 신고는 못 다닙니다. 운동화도 있어야 하는데 가능할까요?"

"그럼요. 당연히 가능하죠. 필요한 거 또 없어요? 쓰는 김에 확실히 쏠게요!"

다음 날 아침, 그곳을 떠나면서 '우리 눈에 띈' 4명과 신부님이 알려준 1명, 총 5명의 여자아이에게 교복 값, 운동화 값, 가방 포함해 학용품 값으로 한 아이당 6만 원, 총 30만 원을 신부님한테 맡겼다. 그러고는 신신당부했다.

"혹시 아이들 부모가 일손이 부족하다고 학교 그만 다니게 해도, 신부님이 설득해서 1년은 다니게 해주세요. 협박해서라도요. 꼭이요."

신부님은 '아빠 미소'를 지으며 고개를 끄덕였다. 그러면서 교복 입고 학교 가는 아이들 모습을 사진 찍어 보내겠다고 했다. 우리는 손사래를 치며, 그런 건 전혀 필요 없으니 내년에도 이 아이들 집 형편이 나아지지 않아 안비(안톤+비야) 장학금이 필요하면 꼭 알려달라며 전화번호와 이메일을 적어놓고 왔다.
'내돈내도' 프로젝트의 가장 큰 원칙이자 최대의 장점은 바로 '보고 의무 없음'이다. 이런 '뒤끝 없는 후원금'을 받아 든 신부님도 홀가분한 기색이 역력했다.

"아이들과 함께 두 분을 위해 기도하겠습니다."

우리에게는 이 시골 성당 신부님과 아이들의 기도가 어떤 보고서보다 100배, 1,000배 소중하다. 지금도 과테말라 여행 얘기가 나오면 이 얘기부터 하는 걸 보면 이 '교복 내돈 내도'가 매우 강렬하고 특별한 추억인 건 분명하다.

알베르토 아저씨의 흉터

볼리비아 시골 산동네에서 며칠 머물 때다. 식당으로 가는 길, 파헤쳐진 흙더미 옆에서 땀을 뻘뻘 흘리며 일하는 30대 후반 정도의 아저씨가 눈에 띄었다. 안톤이 내 어깨를 툭 치며 말했다.

"저 아저씨 손목 좀 봐."

자세히 보니 붕대로 대충 감은 아저씨의 손목에 뼈가 드러날 정도로 깊게 상처가 나 있었다. 오지랖 넓은 내가 다가가 손목을 가리키며 물었다.

"께 파소(무슨 일이에요)?"
"며칠 전에 낫에 베였는데 괜찮아요."

더위에 상처가 크게 덧난 것 같은데도 아무렇지 않다는 듯 일손을 멈추지 않았다. 우리가 들어간 근처 식당의 종업원에게 물으니 대신 사정을 말해주었다.

"아, 알베르토 아저씨요? 가족 없이 혼자 살면서 동네 위험한 일은 도맡아 해주는데 말을 잘 못해도 참 좋은 분이에요. 며칠 전 일하다 손목을 깊게 베였지만 치료 받을 형편이 못 돼요. 다들 자기 코가 석 자라 도와줄 사람도, 같이 가줄 사람도 없고요."

이 동네는 병원은커녕 변변한 약국도 없어서 치료하려면 소도시로 나가야 한단다. 하지만 약값과 차비가 비쌀뿐더러 당일에 돌아오는 버스가 없어 하룻밤 자고 와야 하는 부담

에다가 하루 이틀 일을 공치는 것도, 혼자 가는 것도 여의치 않아 그냥 참고 있는 거라며 딱해 했다. 얘기를 들은 우리가 어떻게 했겠는가?

그 마을에서 이틀 더 묵으려던 계획을 바꿔 다음 날 오후, 아저씨를 데리고 소도시로 나갔다. 약국에 들러 약을 사고, 점심과 저녁도 맛있는 걸로 푸짐하게 먹었다. 알베르토는 외국인 부부와 여기저기 같이 다니는 게 어리둥절하면서도 신기한지 1박 2일 내내 싱글벙글하며 신나 했다. 같은 숙소에서 하룻밤 묵고 다음 날 아침 아저씨를 태운 버스가 출발할 때까지 함께했다.

헤어져야 할 시간, 악수하려고 내민 그의 손을 잡는 대신 가볍게 안아주니, 깜짝 놀라 몸을 빼면서도 어눌한 발음이지만 또렷하게 말했다.

"무차스 그라시아스 포르 또도, 씨뇨라 꼬레아
(내게 해주신 모든 것에 감사해요, 한국 아주머니)!"

우리가 알베르토를 위해 쓴 시간은 딱 하루, 쓴 돈은 왕복 차비와 5일 치 약값(소독약, 마이신, 거즈, 붕대), 세 끼 식비,

하루 숙박비로 다 합쳐도 80달러, 당시 환율로 10만 원 남짓이었다. 약사의 말로는 다친 곳이 심하게 덧나서 흉터가 크게 남을 거란다. 그러나 알베르토 아저씨, 그 흉터를 볼 때마다 아픔보다는 우리와 함께한 특별한 1박 2일을 따뜻하게 기억하면 좋겠다. 그것으로 충분하다, 우리는.

국밥 천사가 되다

한국에서 '내돈내도'를 할 때는 훨씬 조심스럽다. 상대방이 내 호의를 어떻게 받아들일지 알 수 없기 때문이다. 지난해 겨울 일이다. 그날, 오랜만에 동네 재래시장 단골 소머리국밥집에 갔다. 작고 허름하지만 진한 국물 맛이 일품인 맛집이라 단골로 다니던 집이었다. 들어가려는데 문 앞에서 가게 안을 힐끔힐끔 들여다보며 들어갈까 말까 하는 허름한 차림새의 중년 남자가 눈에 띄었다.

갑자기 며칠 전에 읽은 글이 떠올랐다. 한 노숙자가 모르는 사람이 사준 국밥 한 그릇에 오랜 노숙자 생활을 청산했다는 이야기였다. 다음 순간, 나도 모르게 이런 말이 튀어나왔다.

"아저씨, 제가 국밥 한 그릇 사드릴까요?"

말해놓고는 아차, 했는데 아저씨는 묵묵히 따라 들어왔다. 같은 테이블에 앉으면 서로 어색할까 봐 각각 다른 테이블에 앉았다. 우리가 따로 앉는 걸 의아해하는 사장님에게 눈을 찡긋하며 말했다.

"저는 보통, 저 테이블은 특으로 주세요."

내 사인을 눈치챈 사장님은 그 아저씨에게 밥이며 반찬이며 국물을 끊임없이 리필해주었다. 다 먹고 나란히 식당을 나서는데, 내내 말이 없던 아저씨가 고개를 숙이며 한마디 했다.

"잘 먹었습니다. 고맙습니다!"

그리고 총총히 사라졌다. 얼마나 다행인가. '국밥 먹고 힘내서 새 삶을 살아보라'는 둥, '덕분에 다시 살아갈 힘이 생겼다'는 둥의 뻔한 덕담이 오가지 않고 요렇게 깔끔하게 마무리해서 너무 좋았다. 그 후에 여러 사람들에게 이 국밥집 얘기를 해주었는데, 수녀님한테는 심지어 이런 말까지 들었다.

"그날 비야 씨가 그분의 천사였네요. 그분이 변장한 예수님이었는지도 모르고요."

어머나, 단돈 1만 2,000원에 천사 칭호를 얻다니, 세상에 이런 일이. 호호호! 다음 번 국밥집에 갔을 때는 천사가 된 기념으로 아예 특 10그릇 값인 12만 원을 선결제하고 왔다. 시장에서 20년 이상 장사한 사장님이 따끈한 국밥 한 그릇이 꼭 필요한 사람을 잘 가려내 주실 거다. 아들 같은 군인들 한 끼 든든히 먹여도 좋고.

아무튼 크지 않은 돈으로 10명에게 천사 노릇을 할 수 있으니 '내돈내도'는 무조건 남는 장사다. 더구나 내가 먹은 것도 아닌데 내 마음은 두고두고 배부른 이런 장사, 안 하면 나만 손해지. 안 그런가?

한 가지, '내돈내도' 이야기를 하면 꼭 이런 분들이 있다.

"아, 감동이에요! 저도 후원할게요!"

그 마음은 고맙지만 후원은 사양한다. 이 프로젝트의 핵심은 말 그대로 '내 돈'으로 '내가 알아서' 하는 거다. 남의 돈과 마음이 섞이면 '내돈내도'가 아니라 '남돈남도'가 되어버리지 않는가? 내가 정중하게 거절하면 이렇게 따지기도 한다.

"도울 기회도 나눠야 하는 거 아니에요?"

그 발상 역시 아름답지만 감히 나는 이렇게 대답한다. 남이 이미 해놓은 일을 탐내지(!) 말고 자기만의 '내돈내도' 프로젝트를 개발하시라고.

찬찬히 둘러보면 도움이 필요한 사람은 국내건 해외건 어디에나 있다. 대단한 규모나 특별한 방법도 필요 없다. 어느 날 하루, 어느 한 사람에게 보내는 한 번의 마음 씀이면 된다. 우리가 살면서 받은 큰 도움도 가슴에 남지만, 우리를 오래도록 따뜻하게 하는 건 마음을 담은 작은 손길과 눈길 아니던가?

이런 작은 일이 세상을 한 번에 바꿀 순 없더라도, 누군가의 오늘을 따스하게 할 수는 있다고 믿는다. 아니, 적어도 내 마음은 확실히 환하고 따뜻해진다. 나에게 '싹쓸이'와 '내돈내도'는 이런 흐뭇한 순간을 만들어내는 제조기이자 언제 꺼내 보아도 기분 좋아지는 사진첩이다.

나만의 행복 루틴: 하루 한 사람 기쁘게 하기

하루에 한 사람 기쁘게 하기!

너무 소박한가? 그러나 이래 봬도 이게 50년 된 내 인생 최장기 목표이자 최상위 목표다. 말 그대로 '하루에 한 사람 기분 좋게 해주기', 그 한 사람이 누구든 상관없고, 그 한 사람을 한순간이라도 기쁘게 만드는 어떤 방법이라도 좋다.

핵심은 어쩌다 큰일 한 번이 아니라, 매일매일 작은 거 하나씩 하는 거다. 소위 '티끌 모아 태산 전략'으로 성공률이 거의 100%에 가깝다. 하루에도 이렇게 할 수 있는 기회가 무수히 많기 때문이다.

목표를 이루면 뭐가 좋은가? 그날 기쁘게 해준 사람도 기분 좋고, 그 모습을 보는 나도 덩달아 좋다. 한마디로 도랑 치고 가재 잡고, 마당 쓸고 엽전 줍는 격이다. 또한 숨쉬기만큼 쉽게 할 수 있고 노력의 성과가 즉시 나타나서 나처럼 성격 급한 사람에게는 안성맞춤이다. 이 인생 목표치고는 소박하다 못해 시시해 보이는 일이 어쩌다가 내 인생에서 가장 중요한 목표로 자리 잡았을까?

억지 희생의 놀라운 결과

시작은 고해성사였다. 가톨릭 신자는 최소한 일 년에 두 번, 부활절과 성탄절 전에 고해성사를 봐야 한다. 자기의 허물과 실수를 반성하고 회개하며 다가오는 두 축제를 기쁘게 맞이할 준비를 하는 거다.

고해성사는 두 사람이 겨우 앉을 수 있는 박스형 공간에서 이루어진다. 나무 칸막이를 사이에 두고 한쪽엔 사제가, 다른 한쪽엔 신자가 앉아 서로의 얼굴을 볼 수 없어 편하게 죄를 고백한다. 그래도 내 목소리를 아는 본당 신부님에게 고해하는 게 쑥스러워 번번이 다른 성당을 찾곤 했다. 고해성사 내용은 철저히 비밀에 부쳐진다는 걸 알아도 그랬다.

고해 후 신부님은 하느님을 통해 죄를 사해주면서 죄의 경중에 따라 '보속補贖'이라는 과제를 준다. 죗값을 치르고 하느님과의 관계를 회복하라는 의미다. 보통은 주기도문 몇 번, 묵주기도 몇 번, 〈시편〉 낭송 몇 편 정도인데, 여고 시절 어느 부활절 직전에 나는 예상치 못한 보속을 받았다.

"희생 열 번!"

허걱! 희생을 하라니 그것도 열 번씩이나? 도대체 무슨 희생을 어떻게 해야 하지? 처음 받은 보속이라 당황해서 본당 수녀님께 물어보았다.

"나 같은 학생이 어떻게 희생을 열 번이나 해요?"
"하하하, 희생을 너무 거창하게 생각해서 그래요. 쉽게 양보라고 생각하세요."

아, 양보… 그거라면 얼마든지 할 수 있지!
그날부터 나는 양보할 기회를 부지런히 찾기 시작했다. 버스에서 할머니에게 자리 양보, 동생에게 좋아하는 반찬

양보, 볼일 급한 친구에게 화장실 줄서기 차례 양보 등. 그런데 이게 웬일! 나는 보속을 위한 양보인데, 양보 받는 사람들에게 고맙다는 인사도 받고 심지어 엄마한테는 착하다며 용돈도 받았다.

'와아, 부수입 꽤 짭짤한데!'

내가 억지로 한 양보가 다른 사람을 기쁘게 하고, 그 기쁨이 다시 내게 돌아와 내 기분까지 좋게 하는 게 신기했다. 내 주위에 이렇게 양보를 할 수 있는 일이 널려 있다는 것도 그때 알았다. 희생 열 번의 보속은 며칠 만에 끝났지만, 그때 나는 '양보하는 기쁨'이란 걸 난생처음 맛봤다. 그 맛(!)을 못 잊어 이후로도 틈만 나면 누군가에게 양보하고, 일부러 작은 희생거리를 찾았는데 그렇게 할 때마다 매번 뿌듯하고 흐뭇했다.

세상 모든 일은 연습하면 는다더니, 반복하다 보니 점점 자연스럽게 할 수 있는 일이 많아지고 심지어 자동적으로 나오기까지 했다. 모르는 할머니 길 건너 드리기, 미사 후 성당 물품 정리하기, 엄마 잔심부름 자원하기, 목발을 짚은 반 친구 가방 들어주기….

이런 일들이 자가 복제와 자가 발전을 거듭하더니 언젠가부터 '하루 한 사람 기쁘게 하기'라는 이름까지 붙은 인생 프로젝트가 되었다. 그리고 지금까지 내 일상 중 최우선 과제로 자리잡고 있다. (내 고3 일기장에 이미 이 목표가 등장한다. 공부나 열심히 하시지, 제 코도 석 자면서. 크크크.)

미션 완수를 위한 나만의 방법

'돈이 없는데 어떻게 남을 도와?'라는 사람도 있을 거다. 으음. 세상에는 돈 말고도 도울 수 있는 방법이 얼마든지 있다. 관심 한 번, 말 한 마디, 눈빛 하나, 손길 한 번…. 돈 한 푼 없던 고등학생 시절, 나도 그런 방식으로 날마다 미션을 성공적으로 완수했다.

지금도 그렇다. 일단 소소한 칭찬으로 목표 달성하기! 그날 만나는 사람을 쓰윽 한 번 훑어보면서 칭찬거리를 찾는 거다. '매의 눈'으로 찾아보면 얼마든지 있다. 오늘 옷이 잘 어울린다거나, 머리 모양이 예쁘다거나, 표정이 환하다거나….

식당에서는 주인에게 "정말 맛있게 먹었어요", 종업원에게는 "참 친절하시네요"라고 말하면 멋쩍게 웃으며 좋아한다. 없는 말을 지어내는 게 아니라 느낀 걸 말했을 뿐인데도 말이다. 그런 한마디가 누군가를 웃게 했다면 오늘의 미션은 완수!

지하철에서 아기 엄마의 유아차 이동 도와주기, 버스에서 교통카드 잔액이 모자란 학생 차비 내주기, 두리번거리는 외국인이 찾는 곳이 근처라면 목적지까지 데려다주기… 누군가를 이렇게 적극적으로 도와줬다면 그날의 목표는 적극적으로 달성!

길에서나 공공장소에서 나를 알아보고 반가워하는 사람들과 사진을 찍거나 사인을 해주면 그날의 목표는 달성! 학교 강의나 특강 중에 "수업 분위기가 참 좋네요", "오늘 수업 태도, A+"같이 단체로 칭찬을 해주면 그날의 목표는 대규모로 달성!

밤에 잠자리에 들었는데 오늘은 아무도 기쁘게 해주지 못한 것 같을 때는 최후의 수단으로 휴대폰을 꺼낸다. 연락처를 쭉 훑어보며 지금 누구한테 전화나 문자하면 좋아할까 생각하고 즉시 재밌는 이모티콘을 곁들여 안부 문자를 보내면 거의 예외 없이 "어머, 이 밤중에 웬일이야?"라는 답이 온다. 기쁨이 묻어나는 그 사람의 문자를 보면 내 기분이 더 좋아지면서 오늘 목표는 막차 타고 간신히 달성!

　해외에서도 예외가 아니다. 여행 중 특히 공항은 이런 기회의 보물 창고다. 셀프 체크인 키오스크에서 헤매는 어른 돕기, 한국인 여행자에게 공항 도착 비자 발급 절차 설명, 환승 비행기 놓친 사람 통역 등 재능 봉사로 목표 달성! 여행지에서는 외국인 여행자들에게 한글로 이름 써주거나, 현지 꼬마들에게 삼색 볼펜으로 반지·손목시계를 그려주면 아이들은 온몸을 비틀며 좋아하는데, 이런 날은 국제적으로 목표 달성!

　이렇게 지난 50년간 하루에 적어도 한 사람은 기쁘게 해왔으니 지금까지 1만 8,250명을 웃게 한 셈이다. 그 덕분에 나도 1만 8,250번 기분 좋았다. 내 인생 목표 중 이만큼 쉽고 소박하고 가성비 좋은 게 또 있을까? 단연 베스트 오브 더 베스트다!

　참고로 내 계산법은 하루에 한 사람이라는 원칙을 엄격히 따른다. 한 번에 열 명을 기쁘게 했든, 100명을 흐뭇하게 했든 그건 '그날의 한 건'으로만 친다. 또한 하루 동안 여러 차례 다른 사람들을 도왔더라도 마찬가지다.

이건 "어제 많이 했으니 오늘은 건너뛸까?"라는 불순한 (!) 생각을 원천봉쇄하기 위한 장치다. 이렇게까지 엄격하게 한다고 누가 상 주는 건 아니지만, 여태껏 수십 년간 잘 지켜 온 원칙을 이제 와서 흐지부지하기에는 너무 아까워서다.

그나저나 여고 시절 그날, 고해성사 보러 다른 성당에 가지 않았으면 어쩔 뻔했나. 그날의 보속에 희생 열 번이 들어가지 않았다면 어쩔 뻔했나. 참말이지 이 맛을 모르고 살았다면 내 인생, 심하게 억울할 뻔했다! 이제 '하루 한 사람 기쁘게 하기'는 단순한 인생 목표가 아니라, 나의 확실한 행복 공식이 되었다.

그래서 이 목표는 죽을 때까지 이어갈 생각이다. 다리에 힘이 없어도, 수중에 돈이 없어도, 아무도 날 알아보지 않아도 얼마든지 할 수 있다.

희생 보속을 받은 지 어느덧 50주년. 그 기념으로 내년부터는 하루에 한 사람에서 두 사람으로 늘릴 생각이다. 지금까지 갈고닦은 실력이라면 하루 세 사람도 자신 있지만, 우선은 소박하게 두 사람부터! 지금처럼 꾸준히 그리고 기분 좋게!

속사람
발견하기
프로젝트 I

"내 속사람은 누구인가?"

또 이 얘기야, 할지도 모르겠다. 수많은 책과 강연, 유튜브, 심지어 AI까지 앞다투어 던지고 답하는 질문이니 말이다. 이미 차고 넘치는데 나까지 보탤 생각은 추호도 없다. 다만 내 '속사람을 찾아가는 여정'을 친구와 이야기하듯 편하게 나누고 싶을 뿐이다. 이걸 모르면서 나답게 살 수는 없는 법. '말하면서 깨닫는다'는 말처럼, 이야기하는 동안 내 생각이 정리되어 한 걸음 나아갈 수 있기를 바란다. 동시에 듣는 사람에게도 도움이 된다면 일거양득 아닌가.

속사람을 알기 위한 용한 방법들

나 역시 내 속사람을 알기 위해 용하다는(!) 방법들을 총동원한다. 이 분야 전문가들은 이구동성으로 혼자 있을 때 속사람이 가장 잘 드러난다고 한다. 일기를 쓰거나, 혼자 산책하거나, 그저 멍하게 보낼 때 일상의 기쁨과 슬픔을 한 걸음 물러서서 바라보게 된단다. 그 과정에서 진짜 내 모습이 수면 위로 떠오른다는 이론이다.

일기라면 초등학교 2학년 때 그림일기 잘 썼다고 칭찬받은 이래로 꾸준히 써왔다. (내 평생 가장 잘한 일 중 하나다.) 일기의 여러 기능 중 화 풀어주는 힘이 압권이다. 나는 기쁘거나 신날 때보다 피곤하거나 스트레스를 받거나 화가 났을 때 속사람이 불쑥 튀어나온다. 그런 날일수록 씩씩거리며 길게 일기를 쓰는데, 한참 쓰다 보면 신기하게도 내가 왜 그렇게 화가 났는지가 객관적으로 보이면서 화가 누그러들곤 한다.

또 다른 전문가들은 속사람은 타인과의 관계 속에서 선명하게 드러난다고 한다. 돈과 권력, 눈앞의 이익 앞에서 어떤 태도를 보이는지, 사회적 약자나 자신보다 힘없는 이를 어떻게 대하는지, 지인들의 성공이나 행복한 소식에 어떤 마음이 드는지 등에서 그 사람의 민낯이 나온단다.

얼굴이 화끈해지도록 맞는 말이다. 나도 그럴 때마다 두렵고 긴장된다. 그리고 괴롭다. 감추고 싶었던 내 맨얼굴, 표리부동, 언행 불일치하는 나를 보며 실망한 적이 한두 번이 아니기 때문이다.

나는 행복과 고통을 대하는 태도에서 속사람이 가장 투명하게 드러난다고 생각한다. 다른 방법들이 긴 시간의 관찰이나 논리적 분석이 필요하다면, 행복과 고통은 계산하거나 꾸밀 틈 없이 내 속을 즉각적으로 보여주기 때문이다. 학문적으로 증명할 수는 없으나, 순전히 내 경험을 바탕으로 보면 그렇다.

행복의 정도를 측정하는 나만의 방법이 있다. 일상에서 감사하다는 말을 얼마나 자주 하는가다. 감사가 많이 나오면 행복한 상태고, 불평·불만이 늘어나면 행복하지 않은 상태다. 단순하지만 매우 정확한 척도다.

나의 어설픈 삼단 논법에 따르면 감사의 반대말은 불만족이고, 불만족의 반대말은 만족이니 결국 감사는 내가 가진 것에 대한 만족이다. 말 그대로 '이것으로 충분합니다'라고 느끼고 그렇게 말할 수 있는 상태다. (그럴듯하지 않은가?)

"이것으로 충분합니다!"

나에게 이 말을 가르쳐준 사람은 일곱 살짜리 한 아프리카 꼬마였다. 남수단 근무 때의 일이다. 극심한 물 부족에 시달리는 가난한 동네에 월드비전 어린이집이 있었다. 부모가 일하러 나간 낮 동안 방치된 일곱 살 미만의 아이들을 모아 돌보는 곳이다. 100명 남짓의 아이들 중에 유난히 눈에 띄는 몸집 작은 여자아이가 있었다.

눈빛이 초롱초롱하고 말도 얼마나 야무지게 하는지. 커서 선생님이 되고 싶다며 자기보다 어린 아이들에게 뭔가를 열심히 가르치면서도 시각장애인 동생에게서 눈을 떼지 않았다. 가져간 공책과 색연필 세트를 나눠주니 받자마자 품에 꼭 안아보고는 바로 자기 동생에게 만져보게 하며 좋아했다. 그 모습이 기특해서 남은 2세트를 더 챙겨주니까 글쎄, 이 꼬마가 뭐라고 한 줄 아는가?

"이것으로 충분합니다!"

뭐라고? 잘못 들은 줄 알고 통역에게 다시 묻자 꼬마는 웃으며 더욱 또렷하게 말했다.

"저는 이미 받은 걸로 충분합니다."

순간 뜨끔했다. 충분하다니! 난생처음 생긴 공책과 색연필을 그리도 좋아하는 아이가, 이 귀한 것이 언제 다시 생길지도 모르는데, 달라는 것도 아니고 주겠다는데 어떻게 저렇게 말할 수 있을까? 나라면 그럴 수 있을까? 솔직히 자신 없다.

돌아오는 차 안에서 현지인 일행은 아이의 말에 놀랐다면서도 뿌듯해했다. 그 꼬마와 둘이 찍은 사진이 하나같이 흔들려 속상했지만 그 흐릿한 사진들을 오랫동안 바라보면서 다짐했다. 나도 기회가 있을 때마다, 상황이 허락할 때마다, 아니 억지로라도 그 꼬마처럼 말해보자고.

"이것으로 충분합니다!"

이 꼬마 덕분에 그날 새삼 깨달았다. 행복의 조건은 얼마나 많이 가졌는가가 아니라 가진 것에 감사하며 지금 이걸로 충분하다고 말할 수 있는 마음이라는 것을.

이 글을 쓰며 돌아보니 다행히 불평보다는 감사가 더 많다. 비, 바람, 하늘, 구름, 산은 물론이고 가족, 친구, 내가 쓰는 책, 심지어 대한민국에서 1958년에 여자로 태어난 것, 서울 불광동 북한산 밑에 사는 것, 동네에 맛있는 장작구이 통닭집이 있는 것까지 진심으로 감사한다.

대부분이 노력의 결과가 아니라 운 좋게 얻은 것이라 더욱 그렇다. 만약 내가 일제 강점기나 한국전쟁 통에 태어났으면 어쩔 뻔했나 말이다.

세월이 주는 선물일까? 해가 갈수록 거창하고 특별한 사건보다는 소소하고 일상적인 것에 감사하게 되고, 덩달아 감사의 빈도도 높아진다. 참으로 다행한 일이다. 감사도 결국 훈련이고 습관일 테니까.

한 가지 중요한 점은 신에게든 사람에게든 감사할 상대가 있을 때는 반드시 말로 표현해야 한다는 것이다. 쑥스러워도, 상대방이 내 마음 다 알겠지 싶어도 그래야 한다. 이것 역시 연습하면 훨씬 쉬워진다.

지인 중 세상 무뚝뚝한 분이 있다. 더 늦기 전에 이제부터

라도 가까운 사람, 특히 부인에게 고맙다는 말을 하며 살고 싶은데 차마 입이 떨어지지 않았단다. 그런데 며칠간 이불 속에서 소리 내어 "고마워"라고 연습했더니, 어느 순간 그 말이 자기도 모르게 입 밖으로 툭 튀어나왔다며 하는 말,

"처음 한 번이 어렵지, 그다음부턴 쉽게 나오던데요?"

장담컨대 이 돌덩이 같은 분이 할 수 있다면 이 세상 누구라도 충분히 할 수 있다. (무조건 파이팅!!!)

여행 중에는 평소보다 감사하다는 말을 훨씬 많이 하게 된다. 특히 오지여행에서는 모르는 사람들의 호의와 친절에 의지해야 할 때가 많아서 더욱 그렇다. 그래서 어디를 여행하든 첫 번째로 배우고 마지막까지 써먹는 현지어는 "안녕하세요"와 "고맙습니다"이다.

Thank you, Gracias, Merci, Danke, 씨에 씨에, 슈크란(아랍어), 코폰 카(태국)… 이 한마디만 해도 현지인들의 얼굴이 활짝 펴지고, 그 미소를 보는 나까지 덩달아 기분 좋아지는 경험, 누구나 해봤을 거다. 인생도 여행과 다르지 않을 터. 다정한 인사와 마음을 담은 감사, 이 두 마디면 인생이라

는 여행의 기본 점수는 100점 만점에 최소 80점이다. 행복하면 감사하게 되고, 감사하면 행복으로 되돌아오기 때문이다.

헛고생, 값진 고생

행복이 감사感謝에서 비롯된다면 고통은 감수甘受, 달게 받아들이는 데 있다고 믿는다. 우리는 일이 뜻대로 되지 않거나 정반대로 흘러갈 때 고통을 받는다. 그런데 아는가? 세상 모든 것은 저항값이 있어야 존재한다는 사실을.

비행기는 공기와 맞서야 하늘을 날고, 배는 바람과 맞서야 전진한다. 새는 날개 밑 공기 저항 덕분에 날고, 물고기는 물의 저항을 이용해 헤엄친다. 바이올린 현은 활과의 마찰이 있어야 소리를 내고, 성냥도 거칠게 긁혀야 불이 붙는다. 그러니 저항 혹은 고통은 삶의 방해꾼이 아니라, 앞으로 나아가게 하는 필수조건이자 기본값인 셈이다.

물론 쉽게 말할 수 없는 고통도 있다. 지난 몇 달 사이, 가까운 사람들에게 갖가지 어려운 일이 생겼다. 어느 날 느닷없이 말기암 판정을 받은 친구, 금쪽같은 외동딸이 자살한 친구, 믿었던 40년 지기에게 사기 당해 노후 자금을 몽땅 날린 친척…. 이런 엄청난 일을 당한 사람들에게 '잔잔한 바다는 노련한 사공을 만들지 않는다'거나 '고난은 변장한 축복' 이라는 말은 얼마나 공허한가? 죽을 만큼 고통스러운 시간을 잘 견뎌내길 진심으로 바랄 뿐이다.

이에 비할 수는 없지만 우리 모두에게도 크고 작은 고생, 고난, 고통이 찾아온다. 나 역시 피할 수 없다. 멀리는 13세에 갑자기 아버지 돌아가시고 오랫동안 겪은 경제적 어려움이나, 가까이로는 과도한 비난이나 악의적인 댓글 등이 그렇다. 그럴 때마다 꽉 붙드는 문장이 있다.

"지금 겪는 일을 고난으로 남길 것인가, 고행으로 만들 것인가?"

대학 입시에 떨어진 후 다시 도전할 기회는 없을 거라며 고통스러운 시간을 보낼 때 어느 책에선가 읽었던 이 한 구절이 지금까지 고통 완화제 역할을 톡톡히 하고 있다. 젊은이 대상 특강 때마다 듣기 어려운 구호현장 경험을 곁들여 양념처럼 쓰는 "값진 고생과 헛고생"이 여기서 나왔다.

고통은 피할 수 없다. 다만 그 고통이 헛고생이 될지, 값진 고생이 될지는 오로지 우리의 태도에 달려 있다. 고통이 삶의 저항값이라면 '얼마나 잘 피할까?'보다 고통이 내게 무엇을 가르치려 하나를 묻는 게 더 현명하다. 물론 고통은 통증이니 아프다. 그래서 나에게 잘 통했던 통증 완화제를 한 알씩 나눠주려 한다.

우선, 억울하다고 느낀다면 마음껏 화 내시라. '왜 나야?'라며 울고불고하시라. 그게 정상이고 정신건강에도 좋다고 한다. 그다음, 길게 심호흡을 하고 나서 이렇게 소리 내서 말해보시라.

"이건 고난이 아니라 고행이다. 세상에는 나쁜 경험은 없다. 어떤 경험도 하지 않은 것보다 해본 것이 훨씬 좋다, 이겨내기만 한다면!"

청중들이 이 대목에서 눈을 반짝이거나 고개를 끄덕이는 걸 보면 적어도 내 강의가 헛고생은 아닌 것 같다.

16살의 나에게 받은 선물

고등학교 시절 3년 내내, 시험 때만 되면 안절부절못했다. 공부하기 싫어서가 아니라 등록금을 못 내 시험을 못 보게 할까 봐서다. 그때는 등록금 못 낸 학생들을 종례 시간에 일일이 호명하며 독촉했다. (그런 때가 있었다는 게 믿어지는가?) 시험이 다가오면 독촉 빈도와 강도는 세지고 종국에는 나만 유일한 미납 학생으로 칠판에 이름이 남곤 했다.

"담임 말이 말 같지 않아? 너 하나 때문에 내가 서무과를 왔다 갔다 해야겠냐고?"

2학년 중간고사 직전 종례 시간에 나를 일으켜 세워서 했던 담임 선생님의 이 말과 한 대 치기라도 할 것 같은 험악한 표정을 잊을 수 없다. 그날, 나는 고개를 숙이고 서 있어야 했다. 반 친구들 앞에서 창피 당하는 건 아무것도 아니었다. 출석부로 한 대 맞는데도 상관없었다. 오로지 "너 그러면 이번 시험 못 볼 줄 알아!"라는 말이 나올까 봐 무서웠다.

그러나 아무리 쥐어짜도 집에 돈이 없는 걸 잘 알기에 엄마한테는 한마디도 안 하고, 그 불안하고 모욕적인 시간을 혼자 견뎠다. (지금 생각해도 눈물이 난다. 그 시간을 잘 버티고 견뎌낸 16세의 내가 짠하고 기특하다.)

이런 경험 덕분일까? 가정 형편이 어려운 중·고등학생

애기를 들으면 가슴 깊숙이 그 학생과 학부모의 고통이 전해진다. 그래서 1년 치 등록금을 내주며 학생이나 부모님의 숨을 돌리게 해주곤 한다. 참고로 내 학비 지원은 일체 익명이다. 수녀 친구가 '등록금 부탁하기' 전담인데, 번번이 맡겨 놓은 돈 찾아가듯 당당하기만 하다. "내 덕분에 좋은 일 하는 줄 알아" 하는 것처럼 말이다. 하하하!

이런 일도 있었다. 어린이집에서 자라며 중학교 2학년이 될 때까지, 한글 맞춤법조차 제대로 모를 만큼 공부와 담을 쌓고 지내던 아이가 2학년 여름방학에 우연히 내 책《지도 밖으로 행군하라》를 읽었단다. 이 책 덕분에 정신이 번쩍 들어 공부를 시작했고 결국 서울대학교에 합격했다는 신문 인터뷰를 보았다. 나는 기쁘게 그 아이의 첫 등록금을 내주었다.

해외여행 중에도 오지 마을의 가난한 집 아이들, 특히 여자아이들을 학교에 보낼 기회가 오면 어떻게든 놓치지 않으려고 한다. 학비가 없다면 학비를, 교복이나 통학비 때문에 학교를 못 다닌다면 주머니를 털어 필요한 걸 마련해 주곤 한다. 이렇게 하고 나면 기분이 참 좋다. 이것 때문에 축난 여비로 며칠간은 허름한 숙소에서 자고 허접한 음식을 먹고 불편한 버스를 타야 하지만, 이거야말로 헛고생이 아니라 값진 고생 아닌가?

    젊었을 땐 책에서 배우고 머리로만 이해하던 것들이 이제는 온몸으로 느껴지기 시작했다. 행복과 고통을 대하는 태도야말로 내 속사람을 비추는 거울이라는 것을, 행복은 '이것으로 충분하다'는 만족과 감사에서, 고통은 '이 또한 배우는 과정'이라는 감수에서 드러난다는 것을 절감한다.

    이 두 태도를 몸에 익히며 살아갈 때, 내 속사람은 한층 깊고 단단하게 성숙해 간다는 것도 이제는 알 것 같다. 더불어, 내 속사람을 알아야 내가 어떤 삶을 나답게 살고 싶은지 분명해진다는 것도 새삼 알 것 같다.

속사람
발견하기
프로젝트 Ⅱ

　해외여행을 다닐 때는 늘 '내가 누구인가'를 밝혀야 한다. 비행기 탑승이나 출입국 심사 때는 물론이고, 숙소 체크인이나 배표를 살 때도 대한민국 여권으로 내가 나임을 증명해야 한다. 여권에 적힌 이름, 생년월일, 여권번호, 여권 발급일과 만기일 그리고 웃지 않고 찍은 사진 한 장이 '공식적인 나'다.
　여행 중에는 하루에도 몇 번씩 이런 질문을 주고받는다. "어느 나라에서 왔어요? 이름이 뭐예요?" 좀 더 개인적인 질문도 있다. "직업은? 나이는? 결혼은? 자녀는?" 답을 하다 보면 금세 나는 한두 줄의 짧은 프로필로 요약된다.

'대한민국 국민인 한비야, 세계를 누비는 여행자, 국제구호 전문가이자 대학교수이자 작가, 60대 후반의 가톨릭 신자이며 네덜란드 사람과 결혼해 양국을 오가며 살고 있음.'

하지만 이걸로 내가 누구인지 알 수 있을까? 이것보다 훨씬 상세한 이력서라도 공식적인 '겉사람'을 말해줄 뿐 '속사람'까지는 담아내지 못한다. 폴란드 시인 비스와바 심보르스카의 시 '이력서 쓰기'는 바로 이 점을 예리하게 짚고 있다.

시인은 이력서를 쓸 때는 풍경을 주소로, 추억을 날짜로 바꾸고, 가치보다 가격을, 어디로 가느냐보다 신발 치수를 적어 넣으라고, 그리고 꿈에 대해서는 조용히 입을 다물라고 한다.

이 시가 말해주듯 이력서에 담을 수 없는 '나'는 무궁무진하다. 어떤 사람들과 가깝게 지내는지, 어떤 세상을 꿈꾸는지, 무엇에 마음이 끌리는지, 어떤 음악이나 영화를 좋아하는지…. 요즘은 SNS에 무엇을 올리고 팔로워나 좋아요 개수가 얼마나 되는지가 사회적 존재감의 지표가 되기도 한다.

(이 기준이라면 나는 세상에 없는 사람이다. SNS를 일절 하지 않으니까.)

MBTI, 빅 파이브, 에니어그램, 혈액형…. 내 속의 나를 알기 위해 이런 성격, 태도 및 심리 분석도 많다. 그런데 나만 그런가? 이런 검사의 분석 결과 중 맞는 게 하나도 없다. A형인데 꼼꼼하거나 소심하지 않고, 에니어그램에서 나온 '신중히 조력하는 참모형'도 아니고, MBTI 검사 결과인 '계산 빠른 사업가형'과는 더더욱 거리가 멀다. 하기야 각양각색의 복잡 미묘한 인간을 몇 가지 유형으로 분류하는 것 자체가 무리겠지. 내가 생각하는 나와 실제의 내가 다를 수도 있을 거고.

오히려 내겐 사주풀이가 더 잘 맞는 것 같다. 58년 개띠, 초여름 새벽에 태어나 평생 부지런히 살면서 남 도와주기 바쁘고 친화력이 있다더니 내 모습이 딱 그렇다. 한 가지, 내 사주에는 역마살이 없단다. 나 정도로 돌아다니는 건 역마살 축에도 못 끼나 보다.

나를 향한 근본적인 물음

결국 과학적 설명도, 심리학적 분석도, 전통적 지혜도 속사람을 온전히 규정하기에는 턱없이 미흡하다. 결국 속사람을 드러내는 길은 이론이나 분석이 아니라 질문에서 시작되는지도 모른다. 내 삶 한가운데서 스스로 던지고 답해야 하는 본질적인 물음 말이다. 아마 이런 질문들이 아닐까?

'무엇이 나를 움직이는가?'
'무엇이 내 가슴을 뛰게 하는가?'
'무엇이 나를 웃고 울게 하는가?'
'도대체 무엇이 나를 나답게 하는가?'

이 근본적인 질문들은 결국 이렇게 이어진다.

'나, 계속 이렇게 살아도 되는 걸까? 어떻게 살아야 잘 사는 걸까?'

이런 물음 앞에서야 비로소 속사람이 선명하게 드러날 것이다. 그래서 우리는 주기적으로 걸음을 멈추고 이런 질문에 묻고 답해야 한다. 나만의 기준과 나침반이 있는 삶, 남에게 잘 보이기 위한 삶이 아니라, 스스로에게 떳떳하고 만족스러운 삶을 살고 싶다면 더욱 그렇다. 60세 이상이라면 좀 더 솔직하게 속사람과 마주해야 한다. 역할이 아닌 본질에 충실해야 할 때이기 때문이다.

요즘 60대 이상을 대상으로 한 책이나 강연에서 빠지지 않고 등장하는 이상적인 삶의 모습도 다르지 않다. 더 이상 남과 비교하지 않고 내 속도, 내 방식을 존중하는 삶, 내 성격과 취향에 맞는 것을 선택하고 즐기는 삶, 하기 싫은 것은 이제 그만 내려놓는 삶, 내 한계를 받아들이고 그 안에서 균형을 찾아가는 삶이다.

한마디로 내가 그린 밑그림 위에 내가 고른 색깔로 그림을 그리듯 살아야 할 때라는 말이다. 전적으로 동의한다! 지금 당장 그렇게 살지 못하더라도 그 방향으로 한 발짝만 내디뎌도, 아니 그쪽으로 몸을 틀기만 해도 이미 잘 살고 있는 거라고 나는 믿는다.

'그러고는 싶은데 어디서부터 시작해야 할까?'

이런 고민, 누구나 할 거다. 나도 그렇다. 너무 막연하게 생각하면 지레 겁먹고 해볼 엄두가 안 나기 마련이다. 그럴 때 나는 질문을 잘게 쪼개 구체적이고 실천 가능하게 바꿔보곤 한다. 그래야 속사람과의 대화가 생각에서 그치지 않고 삶 속에서 실제로 작동하기 때문이다.

예컨대 "어떻게 살아야 잘 사는 걸까?" 대신 "내 한정된 시간, 체력, 에너지, 자산을 어떻게 쓸 것인가?"라고 묻는다. 그러다 보면 실마리는 의외로 쉽게 풀리곤 한다. 예컨대 매일 쓰는 손과 발을 어떻게 쓰며 살 것인가부터 시작해보는 거다.

작지만 세상을 누비는 큰 발, 늘 내어주는 손

나는 내 손과 발을 이렇게 쓰고 싶다.

내 발은 작다. 발 사이즈 222mm. 인도 사원에서 신발이 없어져 가게에 갔을 때 내 발에 맞는 어른 사이즈가 없어 신데렐라가 그려진 아동용 운동화를 산 적도 있을 정도다.

하지만 발이 작아서 못한 게 있더냐? 오히려 사람들은 나를 왕발이라 부른다. 세상 넓은 오지랖 덕에 얻은 별명이다. 또한 이 작은 발로 세상이 좁다 하고 돌아다니다 보니 이력履歷, 곧 밟고 지나온 길 역시 다채로워져 이력서에 적을 수 없는 경험과 깨달음으로 가득하다. 낯선 장소에서 새로운 사람을 만나 겪는 상황, 그 속에서 떠오르는 질문과 생각들이 나를 성숙시키기 때문이다.

무엇보다 그 과정에서 나는 내 안의 낯선 나를 만난다. 어떤 날은 마음에 쏙 드는 나, 또 어떤 날은 등짝을 한 대 치고 싶을 만큼 얄미운 나. 내 안의 수많은 나를 있는 그대로 마주하면서 내 속사람이 어떤 사람인지 알게 된다. 내게 여행은 나를 가장 솔직하게 보여주는 거울인 셈이다.

그뿐인가. '만 권의 책을 읽는 것보다 만 리를 여행하는 게 낫다'라는 말에 공감하고, '집에 있는 빠꼼이보다 돌아다니는 멍청이가 낫다'는 속담에도 100% 동의한다. 그래서 나는 앞으로도 이 작은 발로 힘닿는 데까지 열심히 지구별 구석구석을 다닐 생각이다.

손도 작다. 초등학교 고학년 여자아이보다 작아서 외국인들과 악수할 때마다 내 손 크기에 놀라며 농담 삼아 "다 자란 손 맞아요?"라고 할 정도다. 크기는 작아도 '손이 크다'는 말을 자주 듣는다. 소위 '큰손'이다. 나는 이 손을 고마움과 공손함을 표현하는 데 쓰고 싶다. 한국에서 어른이나 낯선 이에게 예의를 갖출 때 두 손으로 건네는 아름다운 전통은 외국에서 더욱 빛난다.

여행 중 내가 물건을 두 손으로 주고받으면 상대방이 얼마나 좋아하는지 모른다. 그래서 외국에 가면 '오버'한다 싶을 정도로 두 손을 쓴다. 별것 아닌 행동으로 감동을 줄 수 있는데 안 할 이유가 없다.

적어도 내 손을 남의 것을 빼앗거나 뒤통수를 치는 데 쓰지 않을 작정이다. 대신 우는 사람의 눈물을 닦아주는 손, 조금만 잘해도 아낌없이 박수 쳐주는 손, 하고 싶은 일을 할까 말까 망설이는 사람의 등을 살짝 떠밀어주는 손, 감사의 기도를 드리는 손, 내가 가진 것 중 하나를 기꺼이 내어주는 손이 되고 싶다.

네덜란드에는 '따뜻한 손으로 주어라'라는 격언이 있다. 따뜻한 마음으로 하라는 뜻도 있지만, 죽은 뒤가 아니라 살아 있을 때 베풀라는 의미가 더 크단다. 나 역시 진작부터 그럴 생각이었다. 내 사주에도 그렇게 할 사람이라고 나와 있다지 않은가?

다니기로 한 작은 발과 주기로 한 작은 손!

잘 사는 길, 나답게 사는 길을 찾는 건 거창한 일이 아니다. 그건 결국 '오늘 내가 어떻게 걷고, 어떻게 내 손을 쓰느냐'에서 시작된다고 생각한다. 하루하루 반복되는 그런 사소한 행동들이 모여 내 삶을 만들고, 그 삶이 서서히 내가 되고 싶은 나로 이끌어줄 게 분명하기 때문이다.

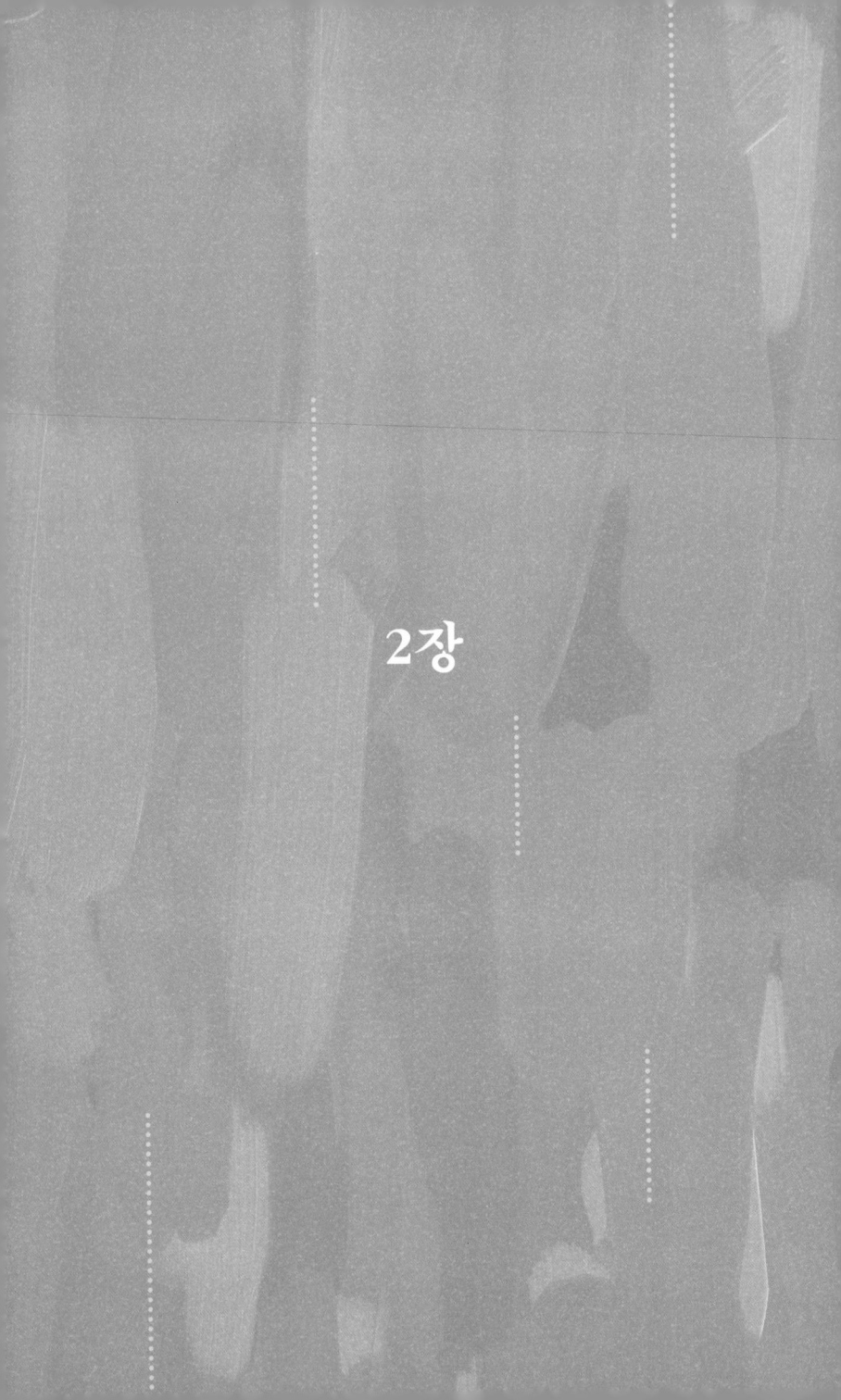

세계시민,
한비야입니다

닳고 닳은 왼쪽 무릎, 예전엔 하인, 지금은 상전

자승자박, 자업자득, 인과응보, 후회막급….

지금의 내 무릎 상태를 설명하는 데 이런 참회의 사자성어가 필요할 줄 몰랐다. 내가 내 무릎이라도 '평생 옴팡지게 부려 먹었으니 아파도 싸다' 할 것 같다. 그러나 어쩌겠는가? 이렇게까지 될 줄은 꿈에도 몰랐는데.

이 모든 것은 산 덕분이자 산 때문이다. 아장아장 걸을 무렵부터 아버지를 따라 산에 다녔다. 우리 4남매의 외부 활동은 두 그룹으로 나뉘었다. A그룹인 첫째와 둘째는 엄마 뜻에 따라 고전무용 등 실내 활동을, B그룹인 셋째인 나와 막내는 아버지를 따라 등산 등 야외 활동을 했다.

어린 내게 산은 신천지였다. 어른들이 꼬꼬마가 산에 왔다며 '기특하다, 장하다' 칭찬해주고 먹을 것까지 챙겨주니 신나서 열심히 따라다녔다. 돌아보니 내 긍정적인 성격과 자존감은 이 시기에 형성된 것 같다. 산에서는 뭘 잘해서가 아니라, 존재 자체로 소중한 아이였으니까.

이렇게 산에 재미를 붙인 나는 10대에는 간간이, 20대부터는 본격적으로 산에 다녔다. 그때부터 혼자 가는 걸 좋아했다. 일행이 있으면 재미는 있지만, 마음껏 속도를 낼 수 없고 정상에서 오래 머물 수도 없어서다. 혼자 갈 때면 거의 뛰다시피 산꼭대기에 올라, 실컷 놀다가 해지기 직전이나 차 시간에 딱 맞춰 뛰어서 내려왔다. 그게 무릎에 얼마나 치명적인지 그땐 몰랐다.

30대에는 앞뒤로 무거운 배낭을 메고 6년간 세계 오지를 다녔다. 그때는 배낭 1kg당 3kg 이상의 하중이 무릎에 실린다는 사실을 간과했다. 많이 걷는 날이나 10시간 이상 쪼그려 앉은 채 이동하는 날이면, 무릎에서 우두둑 소리가 나곤 했는데, 대수롭지 않게 넘겼다. 오지여행 중에는 소리 나는 무릎보다 그날 밤 묵을 곳을 찾는 게 훨씬 급했으니까.

40대와 50대, 전 세계 구호현장을 다닐 때는 무릎이 자주 시큰거리고 삐걱거렸지만 아프다고 쉴 수 있는 상황이 아니었다. 사람이 죽고 사는 현장에서 내 무릎 따위를 걱정하는 건 어리광이자 사치라고 생각했다. 아플 때마다 이렇게 혼잣말을 했다.

　"무릎 아파서 죽은 사람 봤어?"

　그 와중에 틈틈이 2년에 걸쳐 백두대간 종주를 했다. 지리산 천왕봉에서 설악산 향로봉까지 약 1,300km 산길이었는데, 급히 내려오거나 하산길이 가파르면 돌아오는 차 안에서 무릎이 붓고 아팠다. 이런 경고음에도 불구하고 겨우 물파스나 바르고 목욕탕에서 냉탕, 온탕 몇 번 오가며 달랬다. 종주하려면 이 정도 통증은 당연하다고 여기면서.
　삐용, 삐용!
　60대에 들어서자 드디어 무릎이 반격을 개시했다. 왼쪽 무릎에서 비상벨이 울리기 시작한 것이다. 어느 날부터 산행 내리막에서 한 걸음 내디딜 때마다 바늘로 찌르는 듯 아팠다. 계단을 만나면 아예 뒷걸음질로 내려오느라 산 밑에

도착하면 늘 꼴찌였다.

일행에게 미안해서 무릎 보호대, 등산 스틱, 근육 테이프 등 각종 보조 장비를 동원하기 시작했다. 평소에도 무릎에 좋다는 건 다했다. 닭발, 족발, 도가니탕, 꿀 섞은 계피, 말고기까지 챙겨 먹었고, 무릎 체조도 매일매일 열심히 했다. 이런 노력 덕인지 그때까지는 하산 때만 빼고는 일상생활에 큰 지장은 없었다.

부러진 팔 vs 부서진 무릎

그러다 큰일이 터졌다. 3년 전, 제주도 환상 자전거 종주길에서 트럭을 피하려다 꽈당 넘어지는 바람에 왼팔이 부러지고 왼쪽 무릎뼈 전체에 실금이 갔다. 바보같이 부러진 팔만 깁스하고 부러지지 않은 무릎은 방치했다. 아뿔사! 석 달 후, '부러진' 팔은 원상 복구됐지만 '부서진' 왼쪽 무릎은 내 일상을 압도적인 존재감으로 지배하기 시작했다.

우선 일상의 속도가 민첩한 스타카토에서 느린 라르고로 변했다. 그뿐인가. 천하의 맛집이라도 바닥에 앉는 식당은 피하고, 계단 있는 곳에서는 엘리베이터나 에스컬레이터를 찾고, 굽 높은 구두는 신을 수 없으며 미사 중 무릎을 꿇어야 할 때도 불경하게(!) 서 있어야 한다. (이제는 누구도 나를 무릎 꿇게 할 수 없다!)

X레이와 MRA 결과, 연골이 거의 닳아 심한 통증을 느끼는 4단계란다. 다행히 그동안 산에 다니며 키운 허벅지와 종아리 근육 덕에 아직까지 진통제는 거의 먹지 않으니 그나마 감지덕지다. 의사는 산에 가지 말라고 하지만 산에 안 가고 어떻게 사냔 말이다. 더구나 산 친구들은 그럴 때 더 열심히 산에 다녀야 덜 아프고 오히려 좋아진다고 한다. (그들의 실제 경험담이다.) 담당 의사는 말한다.

"작가 한비야 씨는 참 좋은데, 환자 한비야 씨는 참 안 좋아요. 도무지 말을 들어야죠."

'말 안 듣는' 한비야는 여전히 산에 간다. 오르막은 괜찮지만 내리막은 솔직히 한 발 한 발 고난의 행진이다. 그러나 산에 가도 아프고 안 가도 아프면 갔다 오고 아픈 게 더 이득 아닌가? 그래서 지난해엔 네팔 고산 트레킹도 다녀왔다. 놀 만큼 놀고 쓸 만큼 쓰다가 더 이상 안 되겠다 싶으면 인공 관절 수술이라는 마지막 카드를 쓰면 된다는 배짱이다.

친한 한의사 언니는 그 수술을 말린다. 아파도 내 무릎으로 살라고. 만약에 꼭 해야 하면 75세 전후로 하란다. 한번은 이렇게 물었다가 혼이 났다.

"언니, 인공 관절 수술하면 암벽등반 다시 할 수 있어?"
"뭐라고? 암벽등반 같은 소리 하네. 에베레스트 가려고 수술하는 사람이 어딨어? 다들 화장실 가려고 하는 거야" 한다.

아, 그런가? 그나저나 이 무릎이 75세까지 버텨줄까 모르겠다. 이순신 장군의 열두 척 배처럼 내게도 진통제, 연골주사, 줄기세포 이식 등 아직 버틸 카드가 남아 있긴 하다. 유튜브 알고리즘도 온통 무릎 관련 동영상이라 이제는 '무릎팍 도사'를 넘어 '무릎팍 박사'가 다 되었다.

왼쪽 무릎이 내민 가혹한 청구서

가장 받아들이기 힘든 건, 고장 난 무릎 때문에 더는 할 수 없는 일이 하나둘 생긴다는 사실이다. 산티아고 순례길처럼 긴 트레킹 코스는 하루 분량을 이틀로 나누면 되고, 산은 정상까지 안 가면 그만이지만, 더 이상 하프 마라톤이나 강도 높은 암벽등반 등을 못한다는 게 아쉽고 아쉽다.

특히 암벽등반은 할 수 있을 때 실컷 할 걸, 뼈저리게 후회된다. 돈만 내고 못 간 실내 암벽 수업, 다음에 다음에 하며 미루다 놓친 수많은 등반 기회가 사무치도록 아깝다. 그리고 생각해본다. 지금이라도 실컷 하지 않으면 후회할 일이 뭐가 있을까?

음, 자전거를 더 열심히 타야겠다. 전국 자전거길 완주와 유럽 일주도 꼭 해야지. 미워도 다시 한번, 올봄에 전에 사고로 다 못 끝낸 제주도 환상 길부터 시작해야겠다. 할 수 있을 때 해야지, 늦기 전에!

아무튼 60이 넘으면 누구나 한두 군데쯤은 삐걱거리게 마련이다. 인간이 '유통기간'이 정해진 유기체여서겠지만, 나처럼 어릴 때부터 과사용한 신체 부위는 더욱 그렇다. 그러니 이건 고장이나 작동 불량이라기보다는, 오래 견뎌온 부품이 제 몫을 다했다는 신호이자 제게 주어진 할 일을 끝내고 보내온 청구서다.

지금은 무릎이지만 머지않아 견디며 침묵하던 다른 부위들도 하나둘 비상벨을 울리며 각자의 보상금을 청구할 것이다. 각오하고 있지만 얼마나 엄청난 청구서가 날아들지, 솔직히 두렵다!

일단 지금은 그동안 종 부리듯 부려 먹던 무릎을 달래야 한다. 아니, 상전으로 모셔야 한다. 매일 아침 "주인님, 오늘 컨디션은 어떠십니까? 소인, 오늘 북한산 의상봉 능선 가려는데 괜찮겠습니까?"라며 눈치와 예의를 섞어서 공손한 마음으로 대해야 한다. 내가 내 무릎에게 무릎을 꿇어야 한다. 그것만이 살길이다!

근데 곰곰이 생각해 보니, 요즘의 내 왼쪽 무릎은 단순히 불편한 관절이 아닌 것 같다. 그건 내가 산에서 보낸 시간의 기록이자, 뭐든 빨리빨리 하려는 습관을 느긋하게 바꿔주는 엄한 훈련사이며, 내 삶의 속도를 나이에 맞게 조율해주는 현명한 조율사다.

그렇다면 지금의 무릎 상태는 자승자박이나 자업자득이 아니라, 오히려 전화위복이자 실지득지失之得之이기도 한 셈이다.

훗날, 과사용으로 불편해진 무릎이 내 인생에서 어떤 역할을 할지는 두고 볼 일이다. 모쪼록 이 무릎 때문에,가 아니라 덕분에,라고 말할 수 있기를 바란다. (그렇다 해도, 어떤 말로 어르고 달래도, 암벽등반을 실컷 못한 건 천추의 한이다.)

햇병아리를 독수리로 만드는 즐거움: 학부 수업

혹독한 청구서가 날아오긴 했지만, 젊은 시절 무릎을 혹사하며 세계여행을 다닌 덕분에 긴급구호를 하게 되었고, 그 구호 활동 덕분에 나에게 딱 맞는 일을 만났다. 가르치는 일이다. 이화여자대학교 국제학과 교수로, 맹자 삼락 중의 일락인 '세상의 인재를 얻어 가르치는 기쁨'을 14년째 누리고 있다.

오랫동안 현장에서 쌓은 경험과 전문성을 인정받아 초빙된 초빙교수로 학부생과 대학원생에게 국제구호를 가르치고 있다. 가을에는 현장에 가야 하므로 봄 학기에 1년 치 두 과목을 몰아서 하는데, 그 덕에 학기 중인 3월부터 6월까지는 한국에 머물면서 찬란한 봄을 만끽한다. (온 세상 다녀봐도 봄은 역시 한국의 봄이 최고로 예쁘다!)

환영합니다. 한비야 교수입니다

내가 맡은 학부 수업은 교양 필수과목 중 하나로, 해마다 수강생 절반 이상이 신입생이다. 벌써 십수 년째지만 첫 수업 날은 여전히 처음인 듯 설렌다. 특히 봄 학기 아침 수업이라 올해처럼 새내기들의 첫 수업일 때가 종종 있다. 중·고등학생 시절 내내 죽도록 공부해서 마침내 들어온 대학교에서의 첫 수업이니 오죽 긴장되고 기대되겠는가?

"여러분 모두를 진심으로 환영합니다. 한비야 교수입니다."

이렇게 인사하면 일제히 나를 바라보는 새내기들의 눈빛이 어찌나 반짝반짝 빛나는지 눈이 부실 지경이다. 이 사랑스러운 햇병아리들이 한 학기 만에 중닭으로, 아니 독수리로 자라는 모습을 지켜보는 건 대단한 즐거움이자 축복이다.

수강생은 보통 70~80명, 많을 땐 100명이 넘는다. 수업 효과를 높이기 위해 첫 시간에 학생들과 몇 가지 약속을 한다. 교수인 나는 있는 힘을 다해 가르칠 테니, 학생들은 수업 중에 ① 휴대폰이나 수업과 무관한 노트북 사용 절대 금지 ② 오로지 나와 강의 화면에만 집중하기다. 참말이지 학교 수업이건 특강이건 온 힘을 다해 강의하는데 고개를 숙이고 있거나 딴짓하는 사람을 보면 화가 치밀고 강의 의욕이 뚝 떨어진다.

중·고등학교 수업 시간에 엎드려 자도 제재를 받지 않았던 학생들에게 이런 조건(!)을 다는 교수가 드물다지만, 서로의 최대치를 끌어내기 위해선 이게 최선이다. 그 덕분인지 우리 수업 분위기는 다른 교수들이 부러워할 정도로 활기차고 집중도가 높다. 아침 수업이라 가끔씩 조는 학생은 있지만 내 눈앞에서 휴대폰을 보거나 작정하고 딴짓하는 학생은 단 한 명도 없다. 내가 뒤돌아 있을 때까지야 알 수 없지만 말이다.

세상에서 가장 사랑스러운 연합군

수업 효과를 높이는 또 하나의 비결은 '이름표'다. 첫 시간부터 학생들에게 종이에 이름을 적어 책상 위에 세워 놓게 한다. 수업 중에 묻고 답할 때 이름을 골고루 부르기 위해서다. 학생들도 언제 이름이 불릴지 몰라 더욱 집중해서 수업을 듣는다. 이렇게 좋은 분위기 덕에 학생들에게 원형탈모가 생길 만큼 달달 볶고 쥐어짜고 몰아쳐도 묵묵히 잘 따라와준다.

이름 카드로 학생들 이름을 자주 부르니 세 번째 수업쯤 되면 학생들 이름을 거의 외우게 되는데, 교정에서 마주친 학생들이 인사할 때 "아, ○○○구나" 하고 이름을 불러주면 깜짝 놀란다.

"어머 교수님, 제 이름 아세요?"
"그럼 알지. 너 강의실 왼쪽 맨 앞줄 끝에 앉잖아. 근데 이름표가 너무 작더라. 좀 크게 써주면 안 될까? 내가 노안이 왔거든."

그러면 학생들은 좋아서 싱글벙글하며 혀를 쏙 내민다. 그 모습도 사랑스럽다.

수업은 국제구호와 개발협력 두 파트로 나뉘는데 나는

국제구호를 맡아 8주간 강의한다. 그 기간에 국제구호의 기본 개념, 기준과 규범, 원칙과 행동강령, 주요 주체들, 주요 분야, 시스템, 최신 동향 등을 다룬다. 하지만 이론만으로는 부족하다. 그래서 체험학습과 조별 과제를 함께 진행한다.

대표 체험학습은 '난민촌 24시'로 학생들이 난민으로 하루를 살아보는 것이다. 하루 24시간 누가 나를 엿보거나 따라온다는 전제하에 하루 동안 마실 물과 씻을 물 합해서 2L, 식량으로 미숫가루 200g을 가지고 2×2m의 좁은 공간에서 이불 없이 생활해보는 것이다. 여기에 휴대폰 및 전자기기 사용 금지, 1시간마다 가상 경고 알람 울리기 등 상황에 맞게 개인 설정을 추가한다.

체험 초반에는 배고픔이나 목마름 등 물리적인 불편을 겪지만 시간이 갈수록 무기력, 소외감, 분노, 절망감 등을 느낀다고 한다. 체험을 통해 학생들은 전 세계 1억 명이 넘는 난민들의 상태와 마음을 이해하게 된다. 학생들이 제출하는 2쪽짜리 체험 보고서에는 '쪽방체험'처럼 다른 사람의 고통을 '재미 삼아' 흉내 내는 것 같아 불편했다는 의견도 있지만, 이런 성찰까지 포함해 교육적인 효과가 압도적으로 크다.

이 수업의 하이라이트는 단연 조별 국가 사례 연구다. 10명 정도를 한 조로 각 조가 시리아, 르완다, 남수단, 아이티, 북한, 일본 등 대형 재난 국가를 선택해 심층 연구하는 과제다. 학생들은 나와의 조별 줌 미팅과 조장과의 소통을 통해 수차례의 피드백을 받고 수정·보완을 거쳐 발표 자료를 만들고 최종 보고서를 낸다. 마지막 수업에서 조별 발표를 하는데 발표 형식은 국제회의, 연극, 인기 TV 프로그램 패러디, 컴퓨터 게임 등 다채롭고 창의적이다.

이 발표 날이 나에게는 훈장 받는 날이다. 단 8주 만에 이렇게 심도 있게 연구하고, 재미있게 발표하는 걸 보면 늘 놀랍고, 신기하고, 고맙다. 발표 평가의 공정성과 객관성을 위해 외부 평가자와 개발협력 담당 교수를 초청하지만 실은 이들에게 "우리 학생, 참 잘하죠?"라고 뻐기고 싶은 마음이 더 크다.

물론 팀 안에는 무임승차 학생도 있고, 한국어가 서툰 유학생도 있고, 팀원끼리 잘 맞지 않아 갈등을 겪는 경우도 있다. 그런 조짐이 보이면 전체 온라인 줌 미팅을 열고 이렇게 당부한다.

"여러분은 독립군이 아니라 연합군입니다. 힘을 모아서

함께 가야만 해요. 개인차와 상관없이 팀원이 모두 동일한 점수를 받는 팀 과제니까요."

티격태격하던 팀도 막상 발표가 끝나면 서로 하이 파이브를 하고 끌어안고, 심지어 울음을 터뜨리기까지 하는 걸 보면, 이 과제를 통해 깊은 전우애가 쌓인 것이 분명하다.

한비야 키즈를 위하여

이토록 열정을 쏟는 수업이지만, 피하고 싶은 일이 있으니 그게 바로 필기시험 채점이다. 학생은 시험만 없으면, 교수는 채점만 없으면 최고라는 말처럼 채점은 가히 극한직업이다. 시험은 약 20문제로 단답, 약술, 서술로 구성되어 있다. 전에는 최종 점수만 알려주면 됐지만, 요즘은 문제마다 감점 이유를 일일이 밝혀야 해서 시간이 무한정 든다. 그래서 중간고사 직전에 학생들에게 이런 애교 섞인 주문을 한다.

"날 사랑한다면 시험을 잘 보는 걸로 증명해 주세요. 스승의 날 최고의 선물은 만점 답안지랍니다!"

실제로 잘 쓴 답안은 휘리릭 채점하지만, 불량 답안은 세세히 이유를 다느라 시간이 세 배, 네 배로 든다. 그럴 땐 '아, 이 학생, 미워…!'라는 말이 절로 나온다. 물론 감정을 숨기고 메모는 최대한 상세하고 다정하게 남긴다. 덕분에 0.1점에도 민감한 학생들임에도 불구하고 교수들 최대의 골칫거리인 채점 이의신청이 거의 없다. 우리 학생들, 정말 골고루 마음에 든다!

지난 14년간 이 수업을 통해 1,200명이 넘는 제자들이 생겼다. 해마다 수업 끝나고도 꾸준히 연락을 이어가는 학생들이 두세 명은 꼭 있다. 이들에게는 진로 상담부터 추천서, 인맥 연결까지 아낌없는 '애프터서비스'를 해준다. 그렇게 햇병아리에서 독수리로 자란 학생 중에는 관련 분야 박사가 되거나 유엔, 한국국제협력단, 국제 NGO 등 국내외 관련 단체에서 눈부시게 활약 중인 이들도 많다.

특히 해외 구호현장에서 제자들을 만나면 눈물이 날만큼 반갑고 기쁘다. 지난해에 갔던 로힝야 난민촌에서도 그랬다. 내 책을 읽고, 내 수업을 듣고, 나에게 길을 물으며 한 걸음씩 나아가는 이들은 스스로를 '한비야 키즈'라고 부른다.

이 호칭이 흐뭇하면서도 등골이 오싹하다. 그렇다. 이 아이들은 내 사회적 유전자를 물려준 나의 '사회적 딸들'이다. 그래서 다짐하고 또 다짐한다.

'이들이 한비야 키즈라는 것이 자랑스럽도록, 적어도 부끄럽지는 않도록 언행일치, 표리동동表裏同同하며 살아야 한다고!'

가르치며 배우고,
배우며
가르치는 시간:
대학원 수업

국제대학원 수업은 영어로 진행된다. 과목명은 International Humanitarian Assistance: Linkage Between Relief and Development, 즉 국제구호와 개발협력의 연계에 관한 수업이다. 단기간의 국제구호와 장기간의 개발협력이 어떻게 맞물려야 지속 가능한 도움을 줄 수 있는지를 다루는, 학부 수업의 심화 과정이다. 주요 주제로는 '여성과 재난', '취약국가와 재난', '도시 재난', '재난 경감' 등이 있다.

수강생은 15명 내외이며 대부분 외국인이고 한국 학생이 한 명도 없을 때도 많다. 이화여대 국제대학원 전체 학생

중 한국인 비율이 10% 정도이니 드문 일은 아니다. 학점 교류로 연세대나 서강대에서 오는 학생들도 거의 외국인이다. 외국인 학생은 두 부류로 나뉜다. 한 부류는 개발도상국에서 선발된 석·박사 과정 한국국제협력단(코이카) 장학생이고, 다른 부류는 유럽이나 북미, 중동, 남미에서 온 자비 유학생이다.

국적도 다양하다. 지난해엔 브라질, 팔레스타인, 태국, 독일, 모로코, 인도네시아, 에콰도르 출신이었고, 올해는 온두라스, 아랍에미리트, 파키스탄, 우즈베키스탄, 필리핀, 케냐, 브루나이에서 온 학생들이다. 대학원 오기 전 경력도 공무원, 교사, 국제기구 직원, 변호사, NGO 요원 등으로 다채롭다.

현장 중심의 살아있는 수업

내 수업의 가장 큰 특징은 현장 중심이라는 점이다. 배운 이론을 실제 사례에 곧바로 적용해보는 방식이다. 3시간 수업 중 절반은 이론, 나머지 절반은 국가별 사례 분석과 학생 발표 및 토론으로 진행된다. 이렇게 하려면 16주 내내 나도 학생 못지않게 빡세게(!) 공부해야 한다.

그래서 수업 전 이틀은 관련 소논문과 보고서를 찾아 읽고 최신 현장 상황과 이슈를 분석해 수업 자료를 만든다. 2022년 남수단, 2023년 르완다, 2024년 방글라데시의 로힝야 난민촌 등에서 해마다 새롭게 가져오는 구호현장의 경험과 정보가 이런 살아 있는 수업을 가능케 해준다.

국제구호의 최신 동향이나 우크라이나, 팔레스타인, 콩고 등 현재 진행 중인 현장 이슈에 대한 정보는 내 옛 보스이자 지금의 남편, 40년 경력의 국제구호 마당발 안톤이 도와준다. 씨줄과 날줄처럼 촘촘히 얽힌 그의 네트워크와 통찰력 있는 분석 덕분에 수업이 훨씬 생생해지고 풍성해진다. 참으로 쓸모 있는 무보수 연구조교다.

솔직히 이 수업에 들이는 시간과 노력이면 소논문 몇 편은 충분히 쓸 수 있을 테니 가성비로만 따지만 거의 제로에 가깝다. 하지만 이 대학원 수업이 아니면 명색이 박사라도 내가 이렇게까지 열심히 공부할까? 아마 아닐 거다. 이렇게 따지면 '학문적 수익률'이 매우 높은 셈이다.

학부 수업이 '가르치는' 시간이라면, 대학원 수업은 '함께 만드는' 시간이다. 국적과 배경이 다른 학생들이 각자의 경험과 관점을 나누고 질문을 주고받는 가운데, 나 역시 엄청나게 많은 걸 배운다. 이들에게 '교수'로서의 학문적 지식과 현장 경험은 물론, '연구 선배'로서의 인맥과 조언을 아낌없이 나눠주고 싶다.

Hang in there! (조금만 더 버텨!)

더불어 고달픈 유학생들의 비빌 언덕이 되고, 힘들고 막막해서 울고 싶을 때 기댈 어깨가 되어주고 싶다. 타국에서 유학생으로 산다는 것이 얼마나 외롭고 힘겨운 일인지 나도 겪어봐서 더 그런 것 같다. 이럴 때는 교수가 아니라 만만한 큰언니나 막내 이모 역할을 기꺼이 맡을 준비가 되어 있다.

이런 내 마음이 전해지는지 나에게 진로나 생활 상담을 청해오는 유학생들이 많다. 보통은 연구실보다 캠퍼스를 함께 걷거나, 학교 식당에서 밥을 먹으며 이야기를 나누는데, 겉으로는 씩씩해 보이던 학생들도 "힘들지?" 이 한마디에 금세 눈시울이 붉어지곤 한다.

어린 두 딸을 두고 온 석사 과정 학생은 중퇴를 결심하고 내게 작별 인사를 하러 왔다가, 내 어깨에 기대어 펑펑 울고는 마음을 고쳐먹고 무사히 졸업하기도 했다. 고국으로 돌아가서 고위 공무원이 된 이 학생, 안부 메일을 보낼 때마다 무럭무럭 자라는 아이들 사진과 함께 끝머리엔 졸업 때까지 책상 앞에 붙여놓았다는 문장을 적어 보낸다.

"Hang in there. You are almost through!
(조금만 더 버텨. 이제 거의 다 왔으니까)"

그날 내가 건넨 말이다.

이렇게 학점만 아니라 마음까지 나눈 학생들은 귀국하면 자기 나라에 놀러오라고 난리다. 오라면 못 갈 줄 알고? 그래서 리투아니아, 덴마크에 다녀왔고 올해는 모로코도 갔다. 이런 졸업생들을 생각하면 괜히 뿌듯해져서 턱을 치켜들곤 하니 이 수업의 단기 가성비는 제로일지 몰라도, 장기 수익률은 매우 높은 투자가 분명하다.

이렇게 좋아하는 일을 2년 후에는 그만둘 생각이다. 초빙교수의 정년은 만 70세이지만, 그것과 상관없이 이제 그럴 때가 온 것 같다. 내 수업의 힘은 '현장'에서 왔는데, 그 현장을 올해까지만 가기 때문이다.

'내가 직접 가본 이야기' 대신 '누군가에게 들은 이야기'로 강의하고 싶지 않다. 아니 '현장의 힘' 없이는 더 이상 가르칠 수가 없다.

물론 아쉽다. 교수라는 직함도 그렇지만, 학생들을 키우고 함께 성장하는 일을 그만두는 점이 더욱 그렇다. 그러나 때가 되면 미련 없이 물러나는 것이 자연의 이치 아니겠는가? 그러니 그때가 오면 심호흡 크게 하고, '막내 이모 미소'를 지으며 내려놓으려고 한다. 다정하고 깔끔하게!

나는 지구촌이 아니라 지구집에 산다

"월드비전 세계시민학교장 한비야입니다."

이렇게 자기소개를 할 때마다 내 머리를 쓰다듬어주고 싶을 만큼 우쭐하다. 한국 시민학교도 아니고 아시아 시민학교도 아니고 세계시민학교라니! 내가 이 어마어마한 학교의 교장이라니! 2007년에 문을 열었으니 어느덧 개교 18년째, 지금까지 이 학교를 거쳐 간 학생이 무려 660만 명이 넘는 초대형 학교다.

"660만 명이라고요? 그런 학교가 도대체 어디에 있어요?"

좋은 질문이다. 세계시민학교는 교실도 운동장도 없는, 온라인과 오프라인으로 넘나드는 신개념 학교다. 학생은 5,000만 대한민국 국민, 설립 목적은 명확하다. 세계 문제를 자기 일로 여기고 공감하며, 함께 해결책을 모색하고 행동하는 세계시민을 키우는 것.

복잡하게 말했지만 핵심은 딱 세 가지다. ① 우리는 모두 세계의 일원이라는 인식 ② 전 세계는 서로 연결되어 있고 상호 의존적이라는 공감 ③ 세상을 조금 더 평화롭고 평등하게 만들기 위해 내 힘도 보태겠다는 의지.

나는 한 번도 지구가 넓다고 생각해본 적이 없다. 어릴 적부터 세계지도를 가지고 놀았기 때문일까, 초등학생 때 이런 당찬 결심을 했다.

"지도 한 장, 지구본 하나 안에 다 들어가는 이 작은 지구, 우주로 나갈 수는 없으니 일단 이 안이라도 동네 다니듯이 돌아다니며 살아보자."

지금도 그 생각에는 변함없다. 아니 한 걸음 더 나아가 지구는 더 이상 '지구촌'이 아니라 '지구집'이라고 여긴다.

2007년 애플의 스마트폰 등장 이후, 클릭 한 번이면 세상 구석구석에서 벌어지는 일을 실시간으로 알 수 있게 됐다. 덕분에 우리는 아랫마을, 윗마을이 아니라 아래층, 위층만큼 가까운 이웃이 된 셈이다.

지구: 80억 식구가 함께 사는 6층 유리 건물

비유하자면 지구집은 6층짜리(6대륙) 유리 건물이다. 이 집에는 80억의 식구가 살고 있고, 우리는 아시아층의 한국 방에서 지낸다. 우리 방은 깨끗하고 따뜻하고 안전해서, 매일 저녁 재즈를 듣고 와인을 마시며 평안하게 지낼 수 있다. 하지만 옆방에 쓰레기가 쌓이면 그 냄새는 우리 방에까지 들어오고, 아이 때리는 소리가 들리면 우리 마음도 편치 않다. 같은 층의 모든 방이 평화로워야 비로소 우리 방도 평화로울 수 있는 거다.

위층, 아래층도 마찬가지다. 시리아 전쟁, 이스라엘-하마스 전쟁이 나와 무슨 상관이냐고? 위층에서 10년 넘게 오가는 총과 미사일 소리는 아래층 한국 방에까지 고스란히 들린다. 부서진 창문으로는 겨울 칼바람이 들어오고 화약 냄새가 코를 찌른다. 난리를 피해 시리아와 팔레스타인 방 사람들이 복도로 쏟아져 나오면, 다른 사람들은 이들이 자기 방에 들이닥칠까 봐 문을 걸어 잠그고 경계한다.

6층 꼭대기 서아프리카에서 에볼라가 창궐하는 게 나랑 무슨 상관이냐고? 여권도 비자도 필요 없는 병균이 복도를 타고 내려와 집 전체에 퍼지는 건 시간문제다. 코로나 때 뼈저리게 경험하지 않았나? 저 멀리 남미층 볼리비아 방에서 지진이 나면 우리가 도움의 손길을 뻗는 것은 돈이 많아서도 도덕적으로 우월해서도 아니다. 이게 '남의 일'이 아니라 '집안일'이기 때문이다.

가족이라면 마땅히 집안 사정을 알아야 한다. 그리고 할 수 있는 일이 있으면 뭐라도 해야 한다. 아빠가 실직했으면 돈을 아껴 써야 하고, 엄마가 허리를 다쳤으면 일찍 와서 집안일을 도와야 하고, 동생이 대학에 합격했으면 함께 기뻐하는 것처럼 말이다. 현관문이 망가졌거나 천장에 비가 샐 때 직접 고치지는 못해도 그런 일이 있다는 건 알고 있어야 한다. 세계시민도 마찬가지다. 지구 가족 전체에 영향을 미치는 주요 이슈들을 인지하고 관심을 가져야 한다.

지금 우리가 반드시 알아야 할 범세계적 이슈에는 어떤 게 있을까? 기후 변화와 환경 위기, 전쟁과 지역 분쟁, 난민과 이민 등 대규모 인구 이동, 인구 변화(증가, 감소, 고령화), 절대 빈곤, 인권과 사회 정의, 세계화로 인한 불평등과 빈부 격차, 도시화, 물·식량·자원 부족, 펜데믹과 보건 위기, AI 등 기술 발전, 이에 따른 디지털 격차 및 가짜 뉴스와 허위 정보 확산 등일 거다. 이것 중 어느 하나 우리에게 영향을 주지 않는 것이 없다.

"당장 살기도 바쁜데 무슨 뜬구름 잡는 세계시민이냐?"

이렇게 생각하는 사람도 분명히 있을 거다. 하지만 세계시민이 따로 있는 게 아니다. 지구라는 집에 살고 있다면, 이미 세계시민이다. 나 역시 서울시 은평구에 사는 은평구민이자 서울시민이자 대한민국 국민이다. 동시에 아시아 대륙 주민이자 세계시민이기도 한 것이다. 단, 여기서 분명히 할 게 있다. 지구에 산다고 자동적으로 세계시민이 되는 게 아니라, 세계시민 의식이 있어야 한다는 점이다.

즉, 지구를 자기 집으로 여기고, 집안에서 일어나는 일에 관심을 가지며, 문제가 생기면 함께 해결하려는 마음, 그래서 세상을 좀 더 나은 곳으로 좀 더 좋은 세상으로 만들어보겠다는 마음이 있어야 비로소 진짜 세계시민이다. 이들에게는 대한민국 여권처럼 눈에 보이는 여권은 없지만, 대신에 이런 마음가짐 자체가 세계시민임을 증명하는 '보이지 않는 여권'이다.

이건 거창하거나 복잡한 게 아니다. 각자의 관심 분야에서, 기꺼이 할 수 있는 만큼만 실천하면 된다. 예를 들어보자. 초등학교 1학년 학생들이 오전 수업에서 세계의 물 부족과 식량 부족에 대해 배웠다. 그날 점심에 식량 부족이 마음에 걸린 영희는 평소에 남기던 급식을 남김없이 먹고, 물 부족의 심각성을 알게 된 철수는 식사 후 양치할 때 컵에 물을 받아쓰며 물을 아꼈다면 이 아이들은 이미 훌륭한 세계시민이다. 배운 내용을 이해하고 공감했으며 무엇보다 자신이 할 수 있는 일을 바로 행동으로 옮겼으니 말이다.

세계시민학교 교장으로 내 꿈은 단 하나, 5,000만 대한민국 국민 모두가 자랑스럽게 이렇게 자기소개를 하는 거다.

"대한민국 국민이자 세계시민 아무개입니다."

내 영혼을 갈아 넣은 20년: 세계시민학교

"Critical Alert(긴급 경고)!!! 여학생 수백 명이 무너진 건물 더미에 깔려 있음."

내가 세계시민학교를 시작하게 된 건, 2005년 파키스탄 산간 지방에서 일어난 대지진 때문이다. 한순간에 수백 명이 목숨을 잃고 수천 명이 실종된 대형 재난이었다. 월드비전이 돕던 지역의 산속 여학교 2층 건물도 무너져, 수업 중이던 학생 600여 명이 건물 더미 아래 묻혀 있다는 긴급 경고가 떴다.

월드비전 긴급구호 팀장이었던 나는 의료팀을 꾸려 48시간 내에 현장으로 달려갔다. 왼쪽 새끼발가락이 부러진 채 뛰어다녔고 탈진으로 링거를 맞아가며 현지인들과 함께 구조에 매달렸지만, 아쉽게도 구호자금이 턱없이 부족했다. 살릴 수 있는 사람들을 포기해야 하는 상황을 뒤로하고 한국으로 돌아올 때, 어찌나 안타깝고 분하던지!

귀국하자마자 공항에서 곧장 방송국으로 달려가 파키스탄 구호를 위한 생방송 모금을 진행했다. 그날 후원을 호소하는 내 목소리가 얼마나 다급하고 애절했는지 상상해보라! 자정이 넘은 시간이어서 큰 기대를 하지 않았는데 놀랍게도 후원 전화가 빗발치듯 쏟아졌다. 그날 밤, 우리 직원들은 그 넘치는 전화를 다 응대할 수 없어 일단 전화번호만 받고 다음 날 다시 걸어야 했다. 그러나 이게 웬걸. 밤새 사람들의 마음이 바뀐 게 아닌가. 10만 원에서 1만 원으로, 1만 원에서 다시 생각해보겠다로….

가슴이 쿵, 내려앉았다. 구호자금이 줄어서가 아니다. 머릿속에서 이런 뼈아픈 질문들이 마구 쏟아져서다.

'내가 여태껏 무슨 일을 한 건가? 사람들의 눈물샘을 자극해서 동정심에만 호소한 거 아닌가?'

'공감과 이해에서 비롯된 후원이라면 밤사이에 변할 리가 없지 않나?'

허탈하고 부끄러웠다. 그리고 문득 혼잣말처럼 이런 말이 튀어나왔다.

'세계시민학교를 만들어야겠어. 그래서 도움이 필요한 사람이 왜 생기는지, 어떻게 도와야 하는지 차근차근, 조목조목 알려주는 거야.'

조사해보니 몇몇 나라의 월드비전에서 소규모로 세계시민 교육을 하고 있었다. 회장님께 말씀드렸더니 꼭 필요한 일이라며 기뻐하셨다. 다만 기관의 형편상 당장 프로그램을 만들 예산이 없어 유감이라며, 농담처럼 한마디 하셨다.

"한 팀장이 벌어서 해보시오!"

흥, 해보라면 못할 줄 알고? 내 생각에 적극 동의하는 홍보팀장과 머리를 맞대고 계산기를 두드려보니, 일단 1억 원이면 시작은 할 수 있을 것 같았다. 으음, 1억 원이 어디서 난단 말이냐. 집 전세금을 뺄 수도 없고….

그때 기적처럼 광고 제안이 들어왔다.《바람의 딸, 걸어서 지구 세 바퀴 반》세계 일주 시리즈가 베스트셀러가 되면서, 각종 광고 요청이 쇄도했지만 그동안은 모두 거절해왔다. 월드비전에 들어가면서 상업광고는 일절 하지 않기로 마음먹었기 때문이다.

거절한 각종 제안의 첫 주자는 대기업의 내비게이션 광고. 광고 문구는 '길치인 한비야도 찾아갑니다'였다. 다음은 신용카드로 카피가 '어떤 오지에서도 쓸 수 있습니다'였다. 그 후로 자동차, 카메라, 스포츠용품 심지어 광고의 꽃이라는 커피 광고까지 들어왔었다.

이번 제안도 대기업이었는데, 다행히 '사람과 사람을 이어줍니다'라는 공익 광고였다. 3개월 지면 광고에 광고료는 1억 원이었다. 오오오, 쌩큐 쌩큐! 마다할 일이 아니지! 필요한 액수까지 딱 맞춘 걸 보면 세계시민을 키우라는 하늘의 계시가 분명해! 참고로 그 액수는 당시 톱스타 이영애 씨의 광고료 수준이었다니, 그때가 내 몸값 최고점이었던 것 같다. (지금은 광고는커녕 알아보는 사람도 없다. 인생무상ㅜㅜㅜㅜ)

이렇게 번 돈 1억 원으로 2007년 여름, '지도 밖 행군단'이라는 캠프를 열었다. 중·고교생 50명을 선발해 폐교를 빌려서 4박 5일간 머리와 마음과 온몸으로 하는 토론형+체험형 세계시민 교육을 진행했다. 결과는? 그야말로 초대박이었다! 우리가 뭘 잘해서가 아니라 세상이 이런 교육을 간절히 기다리고 있었던 거다.

660만의 학생이 다닌 세상에서 가장 큰 학교

이렇게 50명으로 시작한 세계시민 교육은 2012년 정식으로 세계시민학교가 만들어지면서 체계화되었고,* 나는 단장에서 교장으로 승진(!)했다. 조직의 전폭적인 지원에 힘입어 해마다 성장에 성장을 거듭해 지금까지 월드비전 세계시민교육을 받은 학생수 누계가 약 660만 명에 이른다. 이렇게 세계에서 가장 큰 학교로 자리매김하면서, 한국 NGO 세계시민 교육의 선두주자이자 맏이 역할을 충실히 해오고 있다.

우리 학교의 핵심 업무는 단순하다. 해외 100여 개국의 현장 경험을 토대로 만든 세계 이슈 교재를 발행해 한국의

* 2012~2021년 세계시민학교 교장 역임
2023~2025년 현 세계시민학교 고문

초·중·고 교사들이 수업에 활용할 수 있도록 돕는 일이다. 그래서 교사들과 함께 교재를 개발하고, 교사 연수를 통해 역량을 키운다. 적절한 교사가 없는 학교엔 우리가 엄선하여 교육한 강사를 파견하기도 하고, 교육 받은 학생들이 직접 만든 실천 프로그램도 운영한다.

어느 해에는 총 1만 8,437회 교육으로 60만 명 이상을 가르쳤는데, 이 어마어마한 일을 달랑 담당자 14명과 강사 761명이 해냈다. 나는 교장으로 교육감 등 공교육 지도부를 포함해 각계 인사들을 만나 세계시민학교를 소개하고 토론하고 각종 행사에서 기조연설이나 강연을 한다. 박사가 된 후에는 세계시민 교육 관련 연구서 한 편, 학술지에 논문 한 편을 쓰면서 세계시민학교가 하는 일을 알리고 경험과 정보 공유에 힘쓰고 있다.

덕분에 교육기부 대상 3회를 비롯해 상도 많이 받았다. 특히 2015, 2017년 시사저널이 선정한 대한민국을 움직이는 사람들 중 NGO 부문 가장 영향력 있는 사람으로 월드비전 세계시민학교 교장인 내가 뽑혔다!

하지만 세계시민학교 교장은 무보수 명예직이다. 월급은 커녕 오히려 내 책《지도 밖으로 행군하라》와《그건, 사랑이었네》 인세 일부를 세계시민학교에 기부한다. 그래도 좋다. 아니 그래서 좋다.

NGO가 감히 세계시민 교육을!

놀랍게도(!) 이런 우리를 비난하거나 비하하는 사람들도 있다. 특히 초창기에 많았다. 공교육 쪽에서는 교육 전공도 아니면서 '감히' 세계시민 교육을 하는 게 '매우 위험하고 우습다'고 했다. 뭐가 우습단 말인가? 각자 잘하는 걸로 협력해서 학생들에게 최고의 교육을 제공하면 되는 거 아닌가? 세계 현장을 잘 아는 구호개발단체는 '세계시민' 부분으로, 교육 전문가들은 '교육' 부분으로 나눠서 말이다.

"교육을 가장한 모금 활동 아닌가요?"

일선 학교에서는 이런 시선도 많았다. 교육입네 하고 강의 후에는 동전 모으기 저금통이나 정기 후원을 종용하는 게 너무 속보여 거부감이 든다는 거다. 사실 최근 세계시민 교육을 하는 NGO가 우후죽순처럼 늘어났고 경쟁적으로 학교 대상 모금을 하는 바람에 일선 교사들이 진저리를 치는 것도 충분히 이해한다.

하지만 우리는 분명히 말한다.

"모금은 배운 걸 행동으로 옮기는 여러 실천 방법 중 하나일 뿐입니다."

실천 방법에는 금전적 후원만이 아니라 관련 행사에 참여하거나 스스로 동아리를 꾸리는 일도 포함된다.

금액으로만 따져도 이런 시선은 억울하다. 월드비전의 경우, 학교 모금은 세계시민 교육에 쓰는 예산의 10분의 1 수준이었다. 10배 이상의 돈을 다른 데서 모금해 학생들에게 투자하고 있었던 거다.

그러나 우리도 이런 형식의 모금은 교육의 본질을 훼손시킬 소지가 있다고 판단, 2020년 세계시민 교육을 통한 모금은 일절 하지 않기로 결정했다. (이제 모금도 안 하고 더 이상 광고도 안 들어오니 책이 잘 팔리기를 바라는 수밖에 없다.)

일관성이 부족한 공교육 정책도 우리 발목을 잡는다. '민주시민 교육, 평화통일 교육, 인성 교육, 글로벌 인재 교육, 지속 가능 발전 교육…'. 정권이 바뀔 때마다 강조하는 가치와 슬로건이 이렇게 들쭉날쭉하다. NGO가 공교육 기관과 일하려면 기존 커리큘럼을 이런 틀 안에 억지로라도 끼워 맞춰야 하는데, 그러느라 엄청난 시간과 에너지가 든다. 내 보기에는 이 모두가 '세계시민 교육'이라는 큰 우산 아래 충분히 들어올 수 있는데도 말이다.

교육청 혹은 담당자에 따라 세계시민 교육에 대한 이해도와 실무 능력에 큰 차이가 나는 것도 문제다. 존경스러운 분들도 많지만 그야말로 '우스운 수준'의 높으신 분도 많이 보았다. 이해 부족과 무지를 넘어 NGO를 만나주는 것 자체가 시혜라고 착각하며 거들먹거리는 사람도 있었다. (지금 생각해도 화가 치민다. 이름을 확 불어버릴까 보다!)

이런 자들이 '감히' 세계시민 교육을 담당하다니…. 그러나 어쩌겠는가? 우리나라 학생들을 어떻게든 세계시민으로 만들기 위해서는 어금니를 악물고 아랫배에 힘을 꽉 주고 일해야 한다. 우리 학생들을 어떻게든 세계시민으로 만들려면 말이다.

전 국민이 세계시민이 되는 그날까지!

나는 우리나라 공교육이 세계시민 교육을 핵심 과제로

삼아야 한다고 굳게 믿는다. 또한 학교 담장을 넘어 국민 교육과 평생 교육이 되어야 하고, 엘리트 교육이 아니라 풀뿌리 교육이 되어야 한다고 늘 주장한다. 일제 강점기에는 독립, 전쟁 때는 평화, 헐벗고 굶주렸을 때는 빈곤 퇴치와 경제 발전, 독재 시절에는 자유민주가 시대의 과제였다면 지금의 키워드는 단연 '전 국민의 세계시민화'라고 믿어 의심치 않는다.

우리는 더 이상 변방의 작은 나라가 아니다. 세계 10위권의 경제 대국에 K팝, K드라마의 문화 강국이 되었으니 그에 걸맞은 가치관과 지향점을 가져야 한다. 국민 한 사람 한 사람이 '나는 대한민국 국민이자 세계시민'이라고 생각하며 한국을 든든한 베이스캠프로 삼되 눈과 귀, 머리와 마음은 전 세계 사람들과 함께 나가야 할 것이다.

민간 차원에서도 이제는 본격적이고 대대적인 풀뿌리 세계시민운동이 일어날 때가 되었다. NGO, 종교단체나 신문, 방송을 통한 전통적인 방법은 물론 유튜브, 소셜 미디어, 게임 등을 활용하는 것도 훌륭한 방법이 될 수 있다. 이 교육의 가치에 공감하는 재주꾼들이 만들어내는 기발하고 다채로운, 그리고 재미있으면서도 가볍지 않은 콘텐츠가 세계시민

의식 확산에 큰 역할을 한다면 얼마나 좋을까?

이렇게 국가, 민간, 개인 차원의 전 방위적인 세계시민 교육이 20년만 꾸준히 이어진다면, 우리 국민 모두는 자연스럽게 '세계시민 DNA'를 갖게 될 거라고 나는 확신한다. 우리는 한다 하면 '해내는 사람'들이니까.

'영혼을 갈아 넣는다!'

이 말은 이럴 때 쓰는 걸 것이다. 이 일을 하면서 나는 내 마음과 열정, 시간과 에너지를 아낌없이 쏟아부었다. 있는 힘을 다하고 싶었고, 할 수 있는 일은 모두 하고 싶었다. 그리고 그렇게 했다. 그럴 수 있어서 행복했다.

올해로 18년, 이렇게 뜨겁게 몰두했던 세계시민학교를 2025년을 끝으로 물러나려고 한다. 나의 '자발적 은퇴' 목록 중 하나다. 20년을 채우면 좋겠지만 지금이 물러나기 딱 좋은 때다. 미처 다하지 못한 일, 못 다 이룬 꿈은 후배들 몫이다. 분명히 멋지게 키워나갈 거다. 잘 부탁드린다.

며칠 전, 지하철에서 한 여고생과 눈이 마주쳤다. 그 학생, 나를 알아보고는 아주 반가워했다. '아니, 고등학생이 날 어떻게 알아보나?' 의아해하는데 "한비야 교장선생님이시죠?" 한다. 우리 세계시민 교육을 받은 학생이었다.
"맞아, 반가워요. 어느 고등학교 학생?"

내 물음에 이런 답이 돌아왔다.

"○○○고등학교, 세계시민 정보람입니다."

당당하게 자기를 세계시민이라고 말하는 보람이의 한마디로, 지난 20년간의 노고를 푸짐하게 보상받은 기분이었다.
이것으로 충분하다.

여기는 방글라데시 로힝야 난민촌

'겨울왕국' 엘사가 그려진 티셔츠를 입은 꼬마가 호기심 어린 눈으로 나를 쳐다본다. 내가 웃자, 몸을 살짝 틀며 수줍게 따라 웃는다.

"토르 남 키(이름이 뭐야)?"
"미리암이에요, 일곱 살이고요."

올망졸망한 아이 셋이 대나무로 엉성하게 엮은 집에서 몰려나와, 방금 돌아온 엄마 뒤로 딱 달라붙는다. 24세의 젊은 엄마는 네 아이를 모두 이 난민촌에서 낳아 키우고 있었다.

"미리암은 여기에 온 해에 낳았어요. 2017년에요."

16세에 결혼한 그녀는 17세, 만삭의 몸으로 남편 가족과 함께 이틀째 피난 행렬에 섞여 걷고 있는데 뒤따르던 미얀마군이 갑자기 무차별로 총을 쏘기 시작했단다. 그녀의 일행은 둥둥 떠다니는 시신을 손으로 밀어내며 강을 건너 탈진 직전에 방글라데시 쪽 울창한 숲에 도착했다.

미얀마군 손아귀에서 벗어났다는 안도감도 잠시, 그 비 오는 날 밤 만삭의 임신부는 물도, 전기도, 변변히 누울 자리도 없는 어둠 속에서 몇 번의 죽을 고비를 넘기며 아이를 낳았다. 그 아이가 바로 미리암이다.

도대체 미리암이 태어난 해에 무슨 일이 있었길래 이렇게 짐승처럼 아이를 낳아야 했을까? 이 질문에 답하려면 먼저 로힝야족이 누구인지부터 알아야 한다. 이들은 미얀마 북서쪽, 방글라데시와의 국경 지역에 사는 무슬림으로, 인구 약 150만 명의 소수민족이다. 자신들을 15세기부터 그곳에 정착해 살아온 아랍·벵골계 무슬림이라고 주장하지만, 불교 국가인 미얀마 군부는 19세기 영국 식민지 시절 방글라데시에서 이주한 불법 이민자로 간주한다.

영국 식민지 시절 로힝야족은 분열 통치의 도구로 이용되며 일시적인 특혜를 받기도 했고, 1948년 독립 직후에는 국회의원들을 배출할 만큼 존재감이 있었다. 그러나 군부의 지배력이 커질수록 탄압도 거세졌다. 특히 1982년 제정된 국적법에 따라 시민권을 완전히 박탈당하고 가혹한 차별과 박해를 받아왔다.

로힝야족은 '벵골리 칼라(벵골만에서 온 깜둥이)'라는 멸칭으로 불리며 이동, 직업 선택, 결혼과 자녀 수, 교육 등에 엄격한 통제를 받는다. 이웃 동네에 갈 때도 별도의 통행증이 있어야 하고 저녁 6시 이후는 통행금지다. 아이를 한 명만 낳는다는 조건으로 결혼 허가를 받는데, 둘 이상 낳으면 막대한 벌금이나 10년 이하의 징역을 살아야 한다는 보고서도 있다.

동네에 초등학교가 없으면 통행증이 있어도 통학이 거의 불가능하다. 학교에 간다 해도 미얀마어로 진행하는 학교 교육을 따라가기 힘들 뿐 아니라, 온갖 제한으로 중등 이상의 교육을 받거나 전문직 진출은 사실상 불가능하다. 때문에 이들의 생업은 대부분 농사나 일용직 육체노동으로, 극심한 빈곤에 시달리고 있다.

지렁이도 밟으면 꿈틀한다던가? 1991년을 비롯해 로힝야족은 여러 차례 대규모 저항을 시도했지만, 그때마다 미얀마 군부의 보복이 뒤따랐다. 특히 2017년 8월, 로힝야 해방군이 일부 경찰서를 공격한 사건을 구실로 군부는 '말살 작전'을 개시했다.

학술 연구 및 국제단체 보고서마다 다르긴 하지만, 이 작전 중이던 다섯 달 동안 최대 2만 5,000명이 살해와 부상을 당했고, 23만 채의 집이 불탔다는 보고가 있다. 집단 성폭력 피해자 역시 다양한 추정치가 존재한다. 일부 보고서는 약 2만 명을, 비공식 추정에서는 최대 10만 명에 이를 수 있다고 한다. 같은 해 약 75만 명이 강을 건너 방글라데시로 탈출했는데. 이는 당시 미얀마 내 로힝야 전체 인구의 절반이었다.

무국적자들의 마을

이 로힝야 난민촌을, 나는 2024년 초겨울에 찾아갔다. 난민촌이 있는 방글라데시 콕스 바자르는 아이러니하게도 세계에서 가장 긴 모래 해변과 석양으로 유명한 휴양지다. 수도 다카에서 비행기를 타고 한 시간쯤 지나니, 오른편 창밖으로 벵골만을 따라 길게 휘어진 해변이 눈앞에 나타났다. 순간, 승객들은 너 나 할 것 없이 외마디 탄성을 터뜨리며 일제히 휴대폰을 꺼내 들었다. 해가 저물고, 각양각색의 전등이 켜지자 긴 해변이 마치 보석 목걸이처럼 반짝였다.

그러나 화려한 해변에서 차로 한 시간도 채 안 걸리는 곳에서는 전혀 다른 세상이 펼쳐진다. 여의도의 세 배 크기 땅에 무려 100만 명이 모여 사는 로힝야 난민촌! 7년째 외부의 인도적 지원에 의존해 사는 이곳에 유엔, 공여국, NGO 등 국제사회는 생존에 꼭 필요한 물, 식량, 의료, 피난처 등을 제공하고 있다. 하지만 교육, 인권 등의 지원은 국제구호 기준에 한참 못 미치는 실정이다.

이는 단순한 구호자금 부족 문제가 아니라, 이들이 '본국'인 미얀마에서 '불법 이민자'로 분류되어 국제법상 난민으로 인정받지 못하는, 말 그대로 '무국적자'이기 때문이다.

로힝야 난민들은 여기서도 이동, 노동, 교육이 엄격하게 제한된다. 우선 이곳은 폐쇄 난민촌으로 캠프 밖을 나갈 수 없다. 난민촌 둘레에 철조망이 쳐 있고 총 든 군인들이 검문소에서 난민들의 출입을 일일이 확인한다. 거대한 감옥에 갇혀 있는 셈이다. 또한 이들은 일을 할 수 없다. 초창기에는 외부에서 허드렛일 정도는 가능했지만, 코로나 이후에는 바깥출입도, 어떠한 경제 활동도 허용되지 않는다.

주거지도 큰 문제다. 대나무나 비닐로 만든 임시 거처 형태이고, 전기는 태양광을 이용하기 때문에 매우 제한적이며, 인터넷은커녕 심카드 판매가 전면 금지되어 문자와 음성 통화 외에는 외부 정보와 완전히 차단되어 있다.

가장 큰 문제는 교육이다. 방글라데시 정부는 이들이 정착할까 봐 자국어 교육을 금하고, 미얀마 정부는 이들이 귀환할까 봐 미얀마 교육을 허락하지 않는다. 유엔과 NGO들이 운영하는 '학습 센터'에서 기초 교육을 제공하지만, 공식 학력으로 인정되지 않아 중등학교 진학이 불가능하다.

말만 들어도 숨이 탁탁 막히는데, 7년째 이렇게 사는 사람들은 어떨까? 손발이 묶인 채 좁디좁은 난민촌 안에서 배급품에 의존하며 살아야 하는 사람들, 특히 신체 건강하고 혈기왕성한 남자들의 좌절과 분노가 하늘을 찌르는 건 너무나 당연한 일이다.

방문 전 몇 차례 오리엔테이션을 받고, 수많은 관련 자료와 논문, 영상을 찾아보았다. 현장 상황은 알면 알수록 놀랍고 가슴 아팠다. 실태 파악을 위해서라지만 절망에 잠긴 이들에게 상처를 헤집는 질문을 해야 한다는 생각에 마음이 무거웠다.

유난히 감정이입이 잘 되는 나에게 이런 일은 참으로 고통스럽다. 그래도 피하지 않고 똑바로 보아야 한다. 상처를 깊이 들여다봐야 한다. 그래서 그들의 아픔과 괴로움을 온몸으로 느껴야 한다. 그렇게 보고 듣고 느낀 것을 가감 없이 세상에 전해야 한다. 이것이 나의 의무이자 역할이다.

상처를 헤집는 괴로움을 견디며

우리 일행은 까다로운 절차를 걸쳐 겨우 며칠간의 난민촌 통행증을 받을 수 있었다. 그것도 사전에 허락받은 구역만, 현지 직원과 함께 움직일 수 있고 오후 4시 이후에는 반드시 떠나야 하는 조건이었다.

월드비전은 2017년부터 1,700여 명의 직원이 약 1,000억 원의 예산을 투입, 25만여 명을 대상으로 식수, 위생, 식량 및 교육 사업과 어린이 보호 사업을 펼치고 있다. 우리 팀의 방문 목적은 월드비전 한국의 지원 방안을 모색하고, 이곳 현실을 한국 사회에 알리기 위해서다. 현장 경험을 바탕으로 세계시민 교육 콘텐츠를 개발하는 일 또한 주요 업무였다.

난민촌에 들어서자 악취가 코를 찔렀다. 지난 25년간 전 세계 주요 난민촌을 다녔지만 이렇게 조밀한 난민촌은 처음 본다. 수천 채의 임시 거처가 무질서하게 다닥다닥 붙어 있고, 집과 집 사이는 한 사람이 겨우 지날 수 있을 정도로 좁은데, 그 골목 전체가 하수로 뒤덮여 있었다.

대나무와 비닐로 만든 집은 옆집 사람 숨소리도 들릴 만큼 사생활이 전혀 없고 수돗가와 화장실 근처에는 변변한 전등도 없었다. 한눈에도 화재와 전염병에 매우 취약해 보였고 치안 문제도 심각할 것 같았다.

첫 번째로 여성 교육 사업장을 둘러보았다. 교육 내용은 가정 폭력 방지, 가족계획의 중요성 및 방법, 성평등과 조혼 방지, 재봉 등 직업 훈련이었다. 매우 보수적인 로힝야족은 여자들의 바깥출입을 엄격히 제한하고 있어 밖에서 여성들을 만나기도 어려운데, 이런 여성 대상 프로그램이 어떻게 운영될 수 있을까 궁금했다.

모임방에 들어서자, 10명 남짓한 여성들이 순식간에 니잡(눈만 내놓는 얼굴 가리개)을 뒤집어썼다. 우리 일행 중 남자가 있었기 때문이다. 그를 내보내고서야 그들과 맨 얼굴로

허심탄회한 얘기를 나눌 수 있었다. 니잡을 벗자마자 20대에서 50대까지의 여자들이 다투어 내 손을 잡으며 말했다.

"여러 지원을 아낌없이 해주셔서 정말 감사합니다."

그들의 손은 거칠었지만 따뜻했고, 고마워하는 마음이 듬뿍 담겨 있었다. 내가 마주 잡은 손을 과장되게 흔들며, "저희도 고맙습니다" 하며 웃으니, 여자들은 옆 사람을 슬쩍 치고는 어깨까지 들썩이면서 따라 웃었다. 이들과 한 발짝 가까워지는 순간이었다.
웃음이 잦아들 때까지 기다렸다가 인터뷰를 시작했다.

Q 식량 등 배급품은 부족하지 않나요?
A 조금 더 다양하면 좋겠지만 지금으로도 충분해요. 양곡 외에 교환권으로 채소나 생선도 살 수 있고요. 예전에는 숲에서 땔감을 구해 와야 했는데 요즘은 조리용 가스를 배급받아 한결 편해요.

Q 어떻게 우리 프로그램에 참여할 생각을 했어요?
A 세상이 변하고 있잖아요. 우리에게 이런 교육이 꼭 필요해요. 무엇보다 남편에게 외출 허락 받기가 쉬워져서 올 수 있죠. 이렇게 외출도 하고 교육도 받으니 참 좋아요. 미얀마에서는 둘 다 어림도 없는 일이거든요.

Q 난민 생활에서 뭐가 제일 중요하다고 생각하세요?
A 당연히 신변 안전이죠. 여자들이 해만 지면 성범죄를 당할까 봐 무서워서 다닐 수가 없어요. 사춘기 딸이 둘 있는데 해가 지면 화장실 갈 때 외에는 집 밖에 못 나가게 해요. 혹시라도 성폭행을 당해서 임신이라도 하면 어쩌겠어요? 그래서 서둘러 시집보내려고요.

＊추가 설명＊
이 난민촌 10대 후반 여성들이 집에 있는 시간은 하루 평균 22시간으로 나타났다. 이건 화장실과 물 길러 가는 시간을 빼면 하루 종일 '그냥' 집에 있다는 말이다. 미얀마의 로힝야족은 아프가니스탄의 탈레반처럼 여자가 있을 곳은 집과 무덤뿐이라고 여겼다. 캠프 내 여성 조혼 비율이 2025년 기

준 21.5%다.

Q 난민 생활 중 가장 걱정되는 점은 뭔가요?

A 10대, 20대 아들들이 점점 반항적으로 되어가요. 학교도 못 가고 일도 할 수 없으니 얼마나 답답할지는 이해하지만 우린들 어쩌겠어요? 큰아들은 오래전부터 나랑 말도 하지 않고 어디서 뭘 하는지 또래들이랑 어울리다 밤늦게 돌아와요. 저러다 인신매매, 어린이 유괴, 마약 거래 등 범죄 조직에 가담하거나 캠프 내 여자들에게 성범죄라도 저지를까 너무나 무섭고 두려워요. 밤마다 아들과 그 친구들을 지켜달라고 알라에게 간절히 기도합니다.

추가 설명

코로나 이후 폐쇄 캠프가 되면서 캠프 내 로힝야 남자들에 의한 성범죄 보고가 급증하고 있다. 인신매매는 평균 한 건당 약 20만 다카, 한화로 약 300만 원이라는 거액이 오가기 때문에 젊은이들이 혹하기 쉽다고 한다.

예민한 내용과 속마음을 좀 더 듣고 싶어 개인 인터뷰를 청했더니 한 명이 흔쾌히 응했다. 바로 미리암의 엄마 로케야였다. 심층 인터뷰는 근처 그녀의 집에서 계속되었다. 하수구 옆 깜깜한 방 한 칸, 부엌 한 칸의 대나무 집에 일가족 6명이 살고 있었다.

"미리암이 미얀마군에게 성폭행 당해 생긴 아이가 아니라 다행이에요. 나도 임신 중이었지만 수차례 여러 명에게 당했죠. 그래도 나는 살아남았잖아요. 군인들에게 잡혀서 몇 날 며칠 집단적으로 당한 여자 중에는 죽은 사람도 많아요. 내 친구처럼요."

그리고 이어지는 목격담은 귀를 씻고 싶을 정도로 잔인하고 악랄했다.

국제 구호학 교과서에서 말하는 전쟁 중 무기로 사용되는 '성폭행Rape As a Weapon' 개념이 고스란히 드러났다. 목적은 여성들에게는 수치심, 남성들에게는 모욕감을 주면서 공동체를 와해시키고, 강제적 혼혈로 인한 인종 말살이다. 2018년 한 해 난민촌에서 태어난 4만여 명의 신생아 중 상당 부분이

집단 성폭행에 의한 것이라는 유엔 보고서가 있다.

"근데 아이는 왜 이렇게 많이 낳았어요? 난민촌 생활이 쉽지 않을 텐데."

"아이는 많을수록 좋은 거 아니에요? 미얀마에서처럼 낳으면 안 되는 것도 아니고요."

"어머나, 그럼 더 낳을 생각이에요?"

"생기면 당연히 낳아야죠. 알라의 뜻이잖아요."

월드비전을 포함한 2024년에 발간된 국제기구 보고서에 따르면, 난민촌 평균 자녀의 수는 5~7명으로 연간 3,700명, 하루에 60~100명 이상의 신생아가 태어난다. 난민 인구의 16.5%가 5세 미만의 어린이고 52%인 50만 명 이상이 18세 미만이다.

이어서 45세 미만 남성들을 위한 역량 강화 프로그램을 방문했다. 주요 내용은 성평등 교육과 직업 훈련이었다. 보수 무슬림인 로힝야 남자들에게 감히 성평등 교육이라니! 이런 서양식 교육이 과연 효과가 있을까, 의문이 들었다. 교실에 들어서니, 수염을 기른 남자 20여 명이 잔뜩 경직된 표정으로 일제히 "앗살람 알레쿰" 인사를 한다. 내가 지체없이 오른손을 가슴에 대며 "알레이쿰 앗살람"이라고 웃으며 답하자, 놀라는 표정 속에 미소가 번지면서 단박에 분위기가 부드러워졌다.

Q 성평등 교육을 받고 달라진 점이 있나요?

A1 이제는 아내나 아이들을 덜 때립니다. 전에는 그게 잘못인지도 몰랐어요.

A2 딸이 15세만 넘으면 시집보내야 한다는 생각이 바뀌었어요. 내 딸들도 공부해서 넓은 세상으로 나갔으면 해요.

Q 난민촌 생활에서 가장 어려운 점은요?

A 여기서 재봉틀 수선, 전기 설비, 태양광 설치 등 기술을 배워도 정작 일을 할 수 없다는 거예요. 가족을 위해 아무것도 못하는 자신이 한심하고 비참합니다. 국제사회의 지원이 고맙지만, 내 손으로 일해 번 돈으로 떳떳하게 가장 노릇을 하고 싶어요. 허드렛일이라도요.

Q 미얀마로 돌아가고 싶나요?

A 물론이죠. 집은 불탔지만 농사지을 땅은 남아 있어요. 하지만 군부가 장악하고 있는 한 돌아가면 다 죽어요. 언제인지는 모르지만 언젠가는 꼭 돌아갈 겁니다. 난민촌에 갇혀 사는 아이들이 불쌍하고 부모로서 미안해요.

Q 난민 생활 중 가장 염려되거나 두려운 건 뭔가요?
A1 조직폭력단이오. 거의 매일 총기 사고가 나는 등 치안이 매우 불안해요. 인신매매, 마약매매 관련 조직이 늘어나도 방글라데시 정부건, 난민촌 관계자건 속수무책이잖아요?
A2 나는 화재가 제일 무서워요. 집들이 타기 쉬운 재질인 데다 한 덩이처럼 붙어 있어서 불이 나면 순식간에 다 타버려요. 지난해에 한밤중에 불이 나서 몸만 겨우 빠져나왔어요. 땔감으로 가스를 쓰면서 취급 부주의로 인한 실화도 있지만 방화도 많아요.

추가 설명
2021년 1월부터 2023년 말까지 3년간 발생한 화재 건수는 222건으로 그중 60건은 방화로 밝혀졌다. 난민들은 불이 나도 철조망 때문에 도망 나갈 수가 없는 상황이다.

A3 난 바산 차르섬으로 강제 이주될까 봐 두렵습니다. 미얀마로 돌아갈 수 없으니 방글라데시에 정착을 해야겠지만, 그 무인도에 갇혀 평생을 보내느니 보트피플이 되는 게 나을 거예요. 적어도 뭔가 다시 시작해볼 기회가 있는 거잖아요?

추가 설명
방글라데시 정부는 무인도였던 바산 차르섬에 10만 명이 재정착할 수 있는 난민촌을 만들어 2020년부터 이주를 추진, 현재 3만 5,000명가량이 거주하고 있다. 한편, 이 섬 이주자와 콕스 바자르의 폐쇄 캠프 생활을 견디지 못한 난민 중 연간 약 2,000여 명 정도가 브로커를 통해 무슬림 국가인 말레이시아나 인도네시아로 해상 탈출을 시도한다는 보고가 있다. 하지만 해상 이동은 해마다 수백 명이 목숨을 잃는 위험한 여정이다.

이 외에도 난민촌 방문 기간 동안 20여 건의 인터뷰를 했다. 예상보다 이들의 절망은 훨씬 깊었다. 모든 것을 잃은 이들은 낙담했고 좌절했고, 때로는 자포자기하며 분노했고 때로는 스스로를 자책했다. 그러나 그 절망의 얼굴 뒤에는 여전히 삶을 꼭 붙들고 있는 모습이 숨어 있었다.

딸들이 넓은 세상으로 나가길 꿈꾸는 아버지, 아들과 그 또래들을 위해 매일 기도하는 어머니, 언젠가 쓸모 있을 날이 올 거라며 재봉 기술을 익히는 30대 여성, 난민촌 아이들에게 좋은 본보기가 되고 싶다는 20대 젊은이, 영어 통역관이 되겠다는 10대 소녀, 로힝야 지도자가 되어 난민 모두를 안전 귀환시키겠다는 당찬 어린 소년…. 모두가 절망의 한가운데서도 오지 않을 것만 같은 내일을 믿으며, 오늘의 희망을 놓지 않으려는 사람들이었다.

나는 다짐한다. 벼랑 끝에서 손끝만 건 채 겨우 버티고 있는 이들을 한 사람이라도 더 끌어올릴 수 있다면, 그 일을 위해 내가 할 수 있는 건 다 해보겠다고.

로힝야 난민, 정녕 내일은 없는가

100만 명의 로힝야 난민들!

하늘로 솟을 수도, 땅으로 꺼질 수도 없는 이들을 어찌하면 좋단 말인가? 국제 기준에 따르면 난민 문제의 해법은 크게 3가지다. 첫째 자발적 본국 귀환, 둘째 체류국 정착, 셋째는 제3국 재정착이다.

여기서 나는 국제구호 전문가이자 국제학 교수로서, 국제회의 토론을 준비하는 마음으로, 이 세 가지 해법을 포함해 로힝야 난민 해결책을 종합적으로 검토해보고자 한다. (국제회의 토론자 모드 ON.)

가장 바람직하고 근본적인 해결책은 고향으로 돌아가는 '본국 귀환'이다. 그러나 현실적으로는 실현 가능성이 가장 낮다. 로힝야족은 '돌아갈 본국이 없는 무국적자'로 귀환 자체가 불가능하고, 귀환하더라도 '불법 체류자' 신분을 면치 못한다.

이들에게 최소한 거주권이라도 보장하라는 국제사회의 압박에도 불구하고, 미얀마 군부와 민족주의 세력은 물론 노벨 평화상을 받은 아웅산 수치 여사의 민주세력마저 그럴 생각이 전혀 없다. 게다가 미얀마 군부는 중국과 러시아의 지지까지 받고 있어 이 해결 방안은 요원하기만 하다.

두 번째 방안은 방글라데시에 정착하는 거다. 이 역시 방글라데시 정부가 이들을 난민으로 인정하여 이동권, 노동권, 교육권을 부여하고 영구 정착을 허락해야 가능한 일인데, 그럴 가능성은 제로에 가깝다. 대신 이들을 벵골만의 바산차르섬에 이주, 정착시키는 방안을 추진 중이다.

무인도였던 이곳에 영구 숙소, 학교, 병원, 도로 등 상당한 인프라를 구축하고 농경지를 제공하는 등 파격적인 제안을 하고 있지만 앞의 인터뷰에서 보듯 정작 난민들의 반응은 매우 부정적이다. 그 섬이 태풍 등 자연재해에 취약할 뿐 아니라 무엇보다 한 번 들어가면 다시는 나올 수 없다는 조건이니 감옥이나 다름없다는 의견이 지배적이다.

세 번째는 제3국으로의 재정착인데, 이 역시 현실적으로 대단히 어렵다. UNHCR(유엔난민기구)과 IOM(국제이주기구)은 여러 나라에 난민 수용 요청을 하고 있지만, 단순한 공식 난민 지위 부여라는 법적인 문제를 넘어 문화, 종교, 사회적 수용성까지 고려해야 하므로 어떤 국가에서도 받아들이기가 쉽지 않다. 더욱이 로힝야 난민은 대부분이 정규 교육을 받지 못해 문맹률이 매우 높고 문화·종교적 정체성이 강해서 비무슬림 국가에서는 정착이 어렵다는 한계도 있다.

수용 요청 주요 대상국은 미국, 캐나다, 호주, 뉴질랜드, 유럽, 한국, 일본 등인데 수용 실태는 매우 제한적이다. 미국과 노르웨이 등에서 고아, 장애인 등 일부 사회적 약자를 수용했지만 도합 몇천 명으로 거의 상징적 수준이다. 한국의 경우, 인도적 차원에서 몇백 명이라도 받아들이더라도 무슬림에 대한 사회 전반의 편견이 강해서 이들이 제대로 정착하기를 기대하기 힘든 현실이다.

이번 학기 대학원 수업에서는 외국인 대학원생들과 로힝야 난민 해결책을 주제로 토론을 진행했는데, '제3국 재정착

방안'에서 격렬한 논의가 벌어졌다.

"왜 이슬람협력기구(OIC Organization of Islamic Cooperation) 57개 회원국은 로힝야 문제에 침묵하고 있는가?"

"같은 수니파 무슬림인 사우디아라비아, 카타르, 아랍에미리트처럼 부유한 산유국들은 왜 난민을 받아들이지 않는가?"

"국토 면적이 넓은 중앙아시아의 스탄 국가들로 재정착시키는 방안은 어떤가?"

어느 보고서나 정책 제안서에서도 보기 힘든, 창의적이고 신선한 의견들이 쏟아졌다. (우리 학생들, 정말 대단하지 않은가? 참고로 수업에는 아랍에미리트와 우즈베키스탄 출신 학생도 있었다.)

로힝야 난민 문제는 이렇게 인종, 종교, 지역 안보, 국제정치가 복잡하게 얽혀 있어 단계적이고 다각적인 접근이 필요하다. 단기적으로는 인도적 지원이, 좀 더 길게 본다면 교육과 역량 강화가, 장기적으로는 안전한 본국 귀환이나 제3국 재정착까지 이루어져야 한다.

살길은 오직 교육뿐

나는 이 문제 해결의 가장 중요한 열쇠는 '교육'에 있다고 확신한다. 교육은 단순한 지식 전달이 아니라 생존과 자립을 가능케 하고 자존감을 회복시키며, 더 나은 미래를 설계할 수 있게 하는 가장 확실한 수단이다. 로힝야 난민의 경우에는 그 효과가 더욱 두드러질 것이다.

나는 지금 교과서에 나온 원론을 되풀이하는 게 아니다. 국제구호 전문가이자 국제학 교수로서, 방금 로힝야 난민촌에서 보고 듣고 온 현장 상황을 바탕으로 이론과 원칙, 그리고 국제사회의 냉엄한 현실을 함께 놓고 보려고 한다. 그래야 지금 우리가 무엇을 해야 하고, 무엇을 할 수 있고, 무엇을 놓치고 있는지가 확실히 드러날 것이기 때문이다.

2017년 강제 이주 당시 로힝야족들의 문맹률은 평균 80%, 여성은 무려 90%에 달했다. 대부분의 난민들은 학교를 다녀본 적이 없었다고 한다. 미얀마 군부의 엄격한 교육 제한 때문이기도 하거니와, 극심한 빈곤으로 남자아이들은 아동 노동으로, 여자아이들은 조혼, 가사 노동에 내몰려 교육을 받을 기회가 없었기 때문이다.

지금이야말로 로힝야족의 교육 및 역량을 강화할 수 있

는 절호의 기회라고 생각한다. 비록 폐쇄 난민촌 안이지만 학교를 못 가게 하는 미얀마 군부도 없고, 학교에 가는 대신 일터로 가야 하는 것도 아니고, 학교가 멀거나 학비 걱정도 없으니 말이다. 배우려는 의지만 있으면 누구나 얼마든지 배울 수 있는 환경이 난민촌 내에 마련된 셈이다.

현재 유엔과 NGO가 운영하는 약 4,000개의 '학습 센터'에서는 4~14세 아동을 대상으로 문해력, 수리, 미얀마어, 영어 등을 가르치며, 성평등과 위생 같은 사회성 교육도 병행한다. 현재 전체 아동의 약 70%, 즉 30~40만 명이 이 프로그램을 통해 배움을 이어가고 있다. 교사는 주로 로힝야 청년이나 현지 NGO가 훈련시킨 방글라데시 인력이 맡고 있다.

나는 이 비공식 교육이 70%가 아닌 100% 전체 아동에게 확대되어야 한다고 주장하는 바다. 로힝야 출신 교사를 더 많이 양성해 부족한 인력을 메우면 교육의 질과 함께 그들의 자긍심도 높아지고, 학생들은 로힝야 교사에게 배운다는 자부심과 함께 큰 동기 부여가 될 것이다. 이 교육이 비록 방글라데시 공교육에 편입되지 못한다 해도, 그 자체로 충분한 가치가 있다고 믿는다.

한발 더 나아가 이 초등 수준의 기초 교육에 디지털 교육과 영어 과목을 강화하고, 청소년과 성인에게는 문해력과 다양한 생계 기술을 가르쳐 언젠가 맞이할 '난민촌 밖의 삶'을 준비해야 한다. 특히 영어는 전 세계 어디서든 쓸모 있는 소통 및 생계 수단이므로 체계적이고 집중적인 교육이 절실하다.

오늘을 살게 하고, 내일을 준비시키는 일

생각해보라! 난민촌에 들어올 때는 80% 이상이 문맹이었지만 돌아갈 때는 모두가 글을 읽고 쓸 줄 안다면, 고통스러웠던 난민살이 기간은 단순한 생존을 넘어 삶을 재건하고 미래를 설계하는 귀한 시간이 되는 것이다. 제3국 정착을 원할 때도 큰 힘이 되어줄 것이다. 냉혹하지만 현실대로 말하자면 문맹이자 아무런 기술도 없는 이들을 세상 어느 나라에서 선뜻 받아줄 것인가?

그러니 난민들은 '앞날이 이렇게 깜깜한데 공부는 무슨 공부'라는 생각을 버려야 한다. 대신 스스로 문맹을 극복하고 역량을 키워야만 살아남을 수 있다는 절박함으로 교육에 임해야 할 것이다. 현실적으로도 그것만이 살길이다.

난민 교육의 또 다른 걸림돌은 국제사회의 인식과 교육

예산이다. 교육은 식량, 물, 보건, 피난처처럼 즉각적인 생존과 직결되지 않는다는 이유로 늘 우선순위에서 밀린다. 실제로 국제 인도주의 지원 예산 중 교육이 차지하는 비중은 2~3%에 불과하다. 그나마 월드비전의 5%는 높은 편에 속한다.

설상가상으로 최근 우크라이나 전쟁과 이스라엘-하마스 전쟁 등으로 로힝야 난민에 대한 국제사회의 관심이 급속히 줄어든 데다가 미국 트럼프 행정부의 USAID 예산 집행 정지 및 삭감까지 겹쳐 로힝야 난민촌 교육 프로그램은 강화는커녕 현 수준을 유지하기조차 어려운 상황이다.

그러나 교육을 통해 로힝야족 전체의 미래를 다시 설계할 수 있는 이 천재일우의 기회를, 단지 예산 부족 때문에 놓칠 수는 없다. 절대로 그래서는 안 된다. 국제사회는 물과 식량을 통해 '오늘'을 살게 하는 동시에 교육을 통해 '내일'을 준비시키겠다는 분명한 의지를 보여주어야 한다.

이 의지의 실천으로, 유엔 인도주의 교육기금 Education Cannot Wait^{ECW}*의 권고에 따라 전체 구호 예산의 10%를 교육에 우선 배정할 것을 강력히 제안한다. 이는 단지 예산 배분의 문제가 아니라, 국제사회가 이들에게 '희망을 줄 의지'가 있는가를 묻는 일이다. 이렇게 한다면, 로힝야 난민들은 지금은 희망이 보이지 않는 어두운 현실 속에서도, 언젠가 터널 끝에서 새어 나오는 한 줄기 빛을 보게 될 것이다.

우리는 이미 방법을 알고 있다. 이제 필요한 것은 결단뿐이다.

---

* ECW Education Cannot Wait는 전쟁, 재난, 난민 등 긴급 상황 속에서도 아이들의 교육이 중단되지 않도록 지원하는 유엔 산하 국제 교육 기금이다. 2016년 설립되어 유니세프가 사무국을 맡아 운영하고 있는데, 재난 직후의 단기 교육 구호는 물론 교육체계 재건 등 지속 가능한 교육 시스템 구축에도 힘쓰고 있다. 대한민국은 ECW의 주요 공여국이다.

3장

힘든 여행은 있어도
나쁜 여행은 없다

가출로 시작한 세계여행

이번 장에서는 단순한 배경이나 깨달음의 통로가 아닌, 여행 그 자체 이야기를 풀어보려고 한다. 말 그대로 '돌아온 바람의 딸'로서 지난 25년간 꾹꾹 참으며 쌓아두고 묵혀두고 쟁여두었던 여행 이야기들이다. 우선은 나의 여행 변천사부터.

나의 여행 변천사

나는 해외여행이 자유롭지 못했던 시절, 10대와 20대를 보냈다. 지금은 구청에서도 쉽게 발급받지만, 그때는 여권 만들기부터 하늘의 별 따기였다. 여권이 있다 해도 많은 나라가 까다로운 조건으로 비자를 요구했고, 환전하려면 온갖 서류가 필요했으며, 무엇보다 유학이나 출장 등이 아닌 나들이 여행 자체가 매우 제한적이었다. 어렵게 번 외화를 노는 데 쓰는 건 사치라고 여기던 때였다.

심지어 여권 신청 후에는 국가보안교육센터에서 반나절 해외 체류자 안보교육을 받아야 했다. 북한이나 공산권 인사 접촉 금지, 한국 비판 자제, 애국심 고취 등의 내용을 들은 뒤 '다짐서'에 서명하고 나서야 여권이 발급되었다.

"북한이 아니라 우리나라에서요?"

그렇다. 1980년대 중반까지도 그랬다.
그래서 20대까지 해외여행이란 그저 이룰 수 없는 꿈이었다. 첫 번째 해외(!)여행은 제주도였다. 고등학교 졸업 때 받은 저금을 가지고, 혼자서 완행열차 타고 목포로, 거기서 우리나라에서 제일 먼 제주도행 배에 몸을 실었다. (간도 크지!)

"10대 여자아이 혼자서요? 부모님이 보내주시던가요?"

이 얘기를 할 때마다 받는 질문이다. 으음, 사실대로 말했으면 절대 안 보내주셨겠지. 엄마에겐 부산 이모네 간다고 하고는, 2주 동안 이국적인 '국내 속 해외'인 제주도에서 신나게 놀았다. 집에 돌아가면 엄마한테 된통 혼나고 최소 한 달간 외출 금지를 각오했는데 웬걸, 엄마 화내는 목소리가 그리 높지 않았다. 천방지축 셋째 딸이 무사히 돌아온 것만으로도 감사했던 모양이다.

이 대담한 '가출 여행'은 결과적으로 내 어깨에 날개를 달아주었다. 그 후 여행은 사전 허가 대신 사전 통보만 하면 되었던 거다. 덕분에 1970, 80년대 국내 여행서의 바이블 《구름에 달 가듯이》를 들고 발바닥이 닳도록 산으로, 바다로, 명승지로 팔도강산을 두루 다닐 수 있었다.

당시 젊은이들 사이에 무전여행이 유행했는데 덕분에 나까지 수없이 공짜 밥을 얻어먹고 성당이나 교회, 절에서 수없이 공짜 잠을 잤다. (그때 따뜻하게 대해주신 분들, 특히 시골 할머니들께 새삼 감사드려요. 그 친절, 다른 여행자들에게 되갚으며 살게요.)

나의 세상이 시작된 첫 번째 배낭여행

'진짜' 첫 해외여행은 1986년 미국 유학 때였으니, 벌써 40년 전이다. 미국인 부부가 주신 개인 장학금을 받아 유타주로 유학을 갔는데 일가족이 모두 캠핑 마니아였다. 3년 유학 기간 내내 부부와 아이들 넷, 나까지 일곱 식구가 캠핑 밴을 타고 틈만 나면 미국 서부의 광활한 대자연을 누볐다.

그러던 중, 느닷없이 해외 배낭여행 기회가 찾아왔다. 1988년 서울 올림픽을 앞두고 미국올림픽조직위원회에서 인턴으로 홍보학 전공 한국 학생을 찾았는데, 운 좋게 내가 그 자리를 맡았다. 그 인연으로 이탈리아 로마의 국제종교 행사 홍보팀 보조를 하게 되었고, 일해서 번 돈으로 두 달간 유럽 배낭여행을 할 수 있었다. 그때는 몰랐다. 이 유럽 여행이 내 인생의 대전환점이었다는 것을.

마침내 꿈에 그리던 배낭여행자가 되어 배낭 하나 달랑 메고 여권, 유레일패스, 여행자 수표, 유스호스텔 회원증, 국제학생증을 허리 벨트에 챙겨 넣었다. 그러고는 '1일 1도시 원칙'으로 될수록 많은 곳을 주마간산식으로 다녔다. 해외여행 자유화 전이라 유럽에 한국인 여행자들이 거의 없어서, 나는 어디를 가나 희귀종이었다. 날마다 '한국 사람은 난생처음 본다'는 말을 들었다. 지금은 물 반, 한국 사람 반이라는 유럽에서 말이다.

이렇게 서유럽을 다니면서(공산권이었던 동유럽은 근처에도 못 가던 시절임) 기차에서, 숙소에서, 관광지에서 수많은 배낭여행자들을 만났다. 그중에 세계 일주 중인 사람도 있었다.

몇 달 동안 각 대륙을 하이라이트 위주로 돌고 있는 20~30대 호주와 이스라엘 젊은이, 1~2년에 걸쳐 런던에서 시작해 인도까지 소위 '히피 루트'를 따라 여행 중인 40대 영국인, 3년째라는 50대 일본인 아저씨도 만났다. 휴학과 휴직으로 시간을 마련하고 틈틈이 일해서 여비를 마련한 후, 실제로 세계 일주를 하고 있는 이들이 신기하고 부러웠다.

근데 찬찬히 들어 보니 세계 일주에 항공료 외에 대단한 여행자금이 드는 것 같지도 않고, 이들의 체력, 영어 실력, 친화력도 그리 특별해 보이지 않았다. 서서히 자신감이 생기면서 저 깊숙이 웅크리고 있던 어릴 적 꿈 하나가 용솟음쳐 올랐다.

"세계 일주, 별거 아니네. 나도 하루빨리 해야겠다. 대학원 졸업하고 3년만 일하고 그때까지 번 돈으로 떠나는 거야!"

결심대로 귀국 후 국제홍보 회사에 취직해서 만 3년 일해서 모은 돈으로 마침내 세계 일주를 떠났다. 1993년의 일이다. 어릴 때부터 지도와 지구본을 끼고 살면서 "언젠가는 꼭 세계 일주 할 거야"라고 입버릇처럼 말해온 터라, 가족이나 가까운 친구들은 '드디어 올 게 왔구나' 했지만, 말리는 사람들이 훨씬 더 많았다.

"시집을 가야지 무슨 세계 일주야?"
"그 좋은 직장 그만두고 놀러 가겠다고?"
"갔다 와서 뭐 먹고살 건데?"
"다 큰 처녀가 어딜 나다녀? 큰일 나려고."

가장 극렬하게 반대한 사람들이 누군지 아는가? 바로 엄마 친구들이었다! 정작 우리 엄마는 말리지 않았다. 나중에 물어보니 말려도 소용없다는 걸 잘 알고 있었고, 무엇보다 내가 엉뚱한 짓은 해도 허튼짓은 하지 않는다는 믿음이 있었단다. (엄마, 사람 잘 보셨어요!)

세계 일주 계획은 다음과 같았다.

여행 지역: 대한민국 여권으로 갈 수 있는 전 세계.
여행 기간: 돈 떨어질 때까지 대략 3년.
여행 대원칙: 1. 혼자서 2. 오지 위주로 3. 육로로만.

특히 3번 원칙은 육로로는 국경을 넘을 수 없는 분단된 한반도 한국인으로서 꼭 하고 싶었다. 한 대륙까지는 비행기로 간 후, 그 대륙의 끝에서 끝까지는 종단이든 횡단이든 육로로만 이동할 계획이었다.

실제로 이 원칙은 6년간의 여행 동안 가장 충실하게 지켰다. 전쟁이나 국경 문제 등으로 부득이하게 여행 수단과 동선을 변경한 경우는 있었지만, 육로 이동이 가능한데도 비행기를 탄 적은 한 번도 없었다. 비행기 값이 비싸서 타고 싶어도 못 타기도 했지만 말이다.

돈 얘기가 나왔으니 말인데, 돈 떨어지면 즉시 귀국해야 했기 때문에 얼마나 짠순이, 아니 왕소금 여행을 했는지 모른다. 몸을 아낄 것인가, 돈을 아낄 것인가? 당연히 돈이었다. 아낀 만큼 길게 여행을 할 수 있으니까.

그리하여 배낭여행자 식당에서도 제일 싼 메뉴(보통은 볶음밥), 숙소도 제일 싼 곳(보통은 2층 침대가 다닥다닥 붙은 도미토리), 이동 수단도 제일 싼 현지 버스나 기차(하루 숙박비를 절약할 수 있는 야간 버스나 기차 대환영), 옷은 시장에서 산더미처럼 놓고 파는 구제품으로 사 입고, 화장품도 알코올과 레몬을 섞어 자가 제조해서 썼다.

다행히 여성 월간지 〈여성동아〉에 세계여행기를 기고했는데, 그 원고료로 한 달에 한 번 소금기를 뺄 수 있었다. 그날만큼은 좀 좋은 데 묵으면서 따뜻한 물로 샤워를 하고 빨래도 하고 평소에 먹고 싶었던 음식도 사 먹었다. 도시에 있다면 머리도 미장원에서 자르고, 향기 좋은 진짜 스킨도 사고 심지어 동행들에게 맥주를 한 잔씩 쏘기도 했다.

이렇게 아끼고 아낀 덕분에 여행은 예정했던 3년에서 6년, 두 배로 늘어나 계획했던 지역과 나라들을 대부분 다닐 수 있었다. 원칙대로 혼자서, 오지 위주로, 육로로만!

세계 일주가 준 세 가지 선물

세계 일주가 끝나갈 무렵, 이런 생각이 들었다.

'마무리로 국토종단을 하면 어떨까? 올림픽 출전 마라톤 선수가 스타디움을 (홈그라운드를) 한 바퀴 돌고 결승전을 통과하듯 말이야.'

한국에 돌아와서 해남 땅끝마을에서 강원도 고성군까지 약 800km 길을 45일간 국토종단을 했다. 감사하게도 군부대의 도움으로 통일전망대가 아닌 남한의 진짜 북쪽 끝인 금강산 제1봉인 향로봉에서 6년간 대장정, 세계여행을 마무리할 수 있었다. (북한 구간은 아직 미완이다. 이 구간은 할 수 있을 때가 오면 지체 없이 할 거다. 꼭 할 거다.)

세계 일주는 예상치 못한 세 가지 선물을 안겨주었다. 첫 번째는 어릴 때의 꿈을 이루었다는 성취감과 앞으로 어떤 어려움도 헤쳐 나갈 수 있겠다는 자신감이다. 두 번째 선물은 여행 후에 출간한《바람의 딸, 걸어서 지구 세 바퀴 반 1, 2, 3, 4》와《바람의 딸, 우리 땅에 서다》전 5권이 베스트셀러가 되면서 얻은 독자들의 사랑과 경제적 자유다. 세 번째이자 가장 큰 선물은 여행 중에 목격한 절대 빈곤과 난민들의 삶이 나를 긴급구호의 세상으로 이끌었다는 점이다.

그리고 1년 뒤, 나는 국제구호개발 NGO 월드비전의 긴급구호팀장이 되었다. 세계 일주를 하지 않았다면 꿈에도 상상하지 못했을 일이다. 그 6년 전 회사 그만두고 떠나려고 할 때, 엄마 친구들이 윽박지르며 말린다고 망설이다가 안 갔으면 어쩔 뻔했나. 생각만 해도 아찔하다. 그때 어른 말 안 듣기를, 정말 잘했다!

바람의 딸 시즌 2: 짝꿍과 하는 여행

일복도 많지!

2001년 월드비전 첫 출근한 날, 아프가니스칸 전쟁이 터졌다. 입사 첫날을 야근으로 시작해서 2009년까지 9년 동안 전 세계 구호 현장을 누볐다. 아프가니스탄과 이라크 전후 복구, 이란 지진, 인도양 쓰나미, 파키스탄 지진, 짐바브웨 대기근, 볼리비아 대홍수 등…. 현장 근무 사이에는 UNOCHA(유엔 인도적 조정국) 자문위원 회의 등 각종 국제 회의에 참석하느라 공항 문턱이 닳도록 이 나라 저 나라를 다녀야 했다.

그 덕에 북한을 포함해 새로 가본 나라가 20개국이 넘지만, 여행이 아닌 일이어서 구호 현장에서 반나절 거리에 세계적인 볼거리가 있어도 차마 가지 못했다. 국제회의 참석차 갈 때도 마찬가지였다. 미리 며칠 휴가를 내서 회의 후 근처를 돌아볼 여행계획을 세워두고도, 회의 결과 보고서와 후속 제안서를 쓰거나 참가자들과 네트워크만 쌓다 오기 일쑤였다. 맡은 일에 최선을 다하느라 그랬지만, 지금 돌아보니 참 바보 같았다.

특히 지금은 안전 문제로 갈 수도 없는 서아프리카 말리 북부의 가오 지방, 이라크 모술 근처의 니네베 유적지, 아프가니스탄 헤라트 근처의 가즈르간 마드리사를 직접 보지 못한 건 두고두고 아쉽다. 아무리 지근거리라지만 재난 현장에서 내 호기심 충족을 위해 '구경'을 간다는 게 나의 직업윤리에 맞지 않는 것 같아 결국 가지 않았던 거다.

당시 일기장을 보면 그때는 지금처럼 위험하지 않았는지 다른 국제직원들이 같이 가자고 권유했을 때, 갈까 말까 했던 흔적이 남아 있다. 그때 갈 걸 그랬나 보다. 그러니 내가 뭐라고 했나! 여행은 갈까 말까 할 때 무조건 가야 하는 거였다.

패키지여행으로 뭉친 우리 가족

2000년대에 들어서자 우리나라에도 패키지여행 광풍이 불었다.

> **4박 5일 태국 방콕과 파타야 특선!**
>
> · 수상시장+코끼리 트레킹+아찔한 악어쇼
> · 대한항공 직항, 전 일정 특급호텔 2인 1실 숙박
> · 한식 3회+시푸드 BBQ+마사지 2회 포함
> · 한정 특가 39만 9,000원(여행자 보험 포함, 공항세, 유류할증료 별도)

이게 웬 떡이냐 싶었다. 가족 중에 혼자만 해외로 다니는 게 항상 맘에 걸렸는데, 여럿이 떠나는 가족여행으로 안성맞춤이기 때문이다. 비행기 값도 안 되는 비용으로 먹여주고 재워주고 한국인 가이드가 따라다니며 구경까지 시켜준다니! 나는 흥분을 감추지 못하고, 한국 사는 가족 모두에게 이 신박한 여행의 경비 전액을 한턱 쏘기로 했다.

가족 8명이 함께 간 첫 해외여행은 기대 이상으로 알찼고, 가족들의 반응은 뜨겁다 못해 펄펄 끓었다. 가격 대비 가

성비와 효능감 모두 100%! 나 역시 더없이 흡족해서 돌아오는 길에 통 크게 선포했다.

"앞으로 가족 패키지여행 경비의 반은 내가 낼 테니, 여러분은 시간만 내시오!"

그 후 우리 가족은 매달 차곡차곡 모은 여행비에, 내가 내는 '놀아라 장학금'을 보태서 매년 패키지 가족여행을 했다. 필리핀 세부, 베트남 하롱베이, 중국 장자제張家界, 인도네시아 발리, 캄보디아 앙코르와트 등 8~12명이 떼로 몰려다니며, 큰언니가 뇌혈관 시술을 할 때까지 10년간 짭짤하게 다녔다.

그렇게 다닌 여행은 우리 식구들에게 마르지 않는 얘깃거리를 제공하고 있다. 같이 갔던 유명 관광지, 같이 봤던 풍경, 같이 산 기념품, 같이 겪은 크고 작은 사건·사고. 심지어 특정 가이드의 말투까지 따라 하면서 한바탕 웃음꽃을 피운다. 집집마다 그때 찍은 사진을 붙여두고 오가며 보면서 좋아라 하고 있으니, 가족과 함께한 10년의 패키지 해외여행은 내가 우리 가족에게 준 추억이라는 최고의 선물이 아닐까 싶다.

'알제리 비자가 발목을 잡을 줄이야.'

본격적으로 해외 배낭여행을 다시 시작한 건 2013년, 서아프리카 세네갈에서 일할 때였다. 연말연시를 이용해 모로코-알제리-튀니지를 잇는 북아프리카 여행을 계획했는데, 뜻밖에도 알제리 비자가 발목을 잡았다.

휴가 직전에 모리타니 출장을 가면서 그곳에서 알제리 비자를 받기로 했다. 알제리 대사관은 없지만 프랑스 대사관이 대신 발급해 준다고 했다. 더욱이 외교관 출신 현지 월드비전 직원이 프랑스 영사와 막역한 사이이고, 그게 아니라도 출장 기간이 길어서 비자 받는데 전혀 문제없다는 말을 들었기에 마음 놓고 있었다.

당시 모리타니는 매우 엄격한 금주령이 발동되어, 술을 마실 수 있는 유일한 곳은 치외법권 지역인 대사관뿐이었다. 출국 전날, '친구 찬스'로 프랑스 공관에 초대받은 우리는 와인 대접까지 받으며 모리타니-프랑스-한국 '3국의 우정'을 다졌다. 그런데 그 귀하디귀한 와인이 화근이 될 줄이야!

모리타니를 떠나는 날 아침, 공항 가는 길에 들르면 비자 발급을 해주겠다던 '친절한' 영사가, 간밤의 과음 탓에 제시간에 나오지 못했다. 으악, 안 돼!!! 비행기 출발시간 때문에 도저히 그가 출근할 때까지 기다릴 수 없는 상황이었다. 멘붕으로 머릿속과 얼굴이 동시에 하얘진 채, 알제리 비자 스탬프 없는 여권을 돌려받아 들고는 세네갈행 비행기에 올라야 했다.

"What a disaster!(완전히 엉망이 되어버렸어!)"

비명이 절로 나왔다. 오랫동안 준비해온 북아프리카 여행계획이 와르르 무너져 내린 것이다. 주말과 연휴가 겹쳐 세네갈에서 알제리 비자를 받는 게 불가능했기 때문이다. 취소 불가한 왕복 비행기표도, 선불한 숙소도 고스란히 날아가는 순간이었다.

처음엔 멍했고, 다음엔 화가 나서 씩씩거렸다. 그러고는 정신을 가다듬고 급히 나흘 후에 시작할 수 있는 여행지를 찾아보았다. 가기로 했던 모로코 건너편인 남부 스페인 안달루시아 지방이 눈에 들어왔다. 오케이, 여기로 결정! 그리하여 마침 스페인 여행 중이던 안톤과 합류해서 2주간 같이 다니게 된 것이다.

스페인, 그리고 안톤

"둘이 사이좋아 보이는데 왜 방을 따로 써요?"

여행 중에 숙소 주인이나 매니저에게 자주 들었던 말이다. 그때는 단지 동료이자 멘토이자 친구였던 안톤과 나는 이 여행을 계기로 연인이 되었고 결국 부부가 되었다. (과음으로 알제리 비자를 못 내준 영사님, 진심으로 감사드려요. 당신이 우리의 '간접' 중매쟁이였습니다요.)

안톤과 나는 여행 중에 사랑이 싹트고 결혼까지 한 커플답게, 각자의 20, 30대에 장기 배낭여행을 했던 커플답게, 둘 다 100여 개국을 넘게 다닌 커플답게, 무엇보다 여전히 여행에 마음 설레는 커플답게 결혼하면서 한 가지 약속과 다짐을 했다. 힘닿는 데까지 지구별 구석구석을 함께 다녀보자고!

그리하여 결혼과 함께 본격적인 '바람의 딸 걸어서 지구

세 바퀴 반' 시즌 2가 시작되었다. '시즌 1'이 나 홀로 여행이었다면, '시즌 2'는 짝꿍과 함께하는 여행이다. 안톤이 은퇴하기 전에는 여름과 겨울 휴가 각각 2주, 은퇴 후에는 여름과 겨울에 각각 두 달 정도의 여행을 다니고 있다.

2014년 이후, 지금까지 같이했던 장기 여행만 헤아려 봐도 중미, 남미, 뉴질랜드, 동유럽, 발틱 및 발칸 국가들을 다녀왔다. 그사이 몽블랑 둘레길TMB, 이탈리아 돌로미티를 트레킹했고 지난해에는 산티아고 순례길도 완주했다.

앞으로 갈 곳의 리스트도 길다. 중앙아시아 스탄 국가들, 중국 실크로드 및 서역, 다른 루트의 산티아고 순례길 완주, 네덜란드의 젖줄 마스강을 따라 자전거 여행, 한국 4대강 및 전국 자전거로 일주, 캠핑카로 미국 횡단여행 등…. 이미 2030년까지의 여름과 겨울 여행은 예약 완료다.

바람의 딸 시즌 2의 기본 전략은 일단 5년 치 여행 후보지 리스트를 만들어 놓고, 새로운 곳을 넣었다 뺐다 하며 수시로 업데이트하는 거다. 세계지도를 펼쳐 놓고 머리를 맞대며 여행지 목록을 만드는 과정은 언제나 설레고 신난다.

하지만 목록에 있는 모든 곳을 악착같이 다 가보겠다는 건 절대 아니다. 정반대로 '가고 싶은 곳을 갈 수 있으면 좋고, 못 가면 말고'라는 느긋한 마음이다. 언제까지 이렇게 긴 여행을 할 수 있을지 모르니 말이다. 그래서 안톤과 나에게는 5년 단위 계획이 변하는 상황에 맞춰 가기 가장 적합한 기간이다.

더 이상 이런 긴 여행이 힘들어지는 날이 오면, 그때는 유목민과 정착민의 중간 형태로 '한 달 혹은 100일 살기'를 하기로 했다. 헝가리 부다페스트, 마케도니아의 오흐리드, 남부 독일 모젤 등 다녀온 곳을 중심으로 슬슬 후보지 목록을 만들어 놓고 추가 후보지를 물색 중이다. 정말 못 말리는 플래닝.com 부부다! (뭐든지 계획을 세워놓아야 직성이 풀리는 부부라는 뜻. 전작 《함께 걸어갈 사람이 생겼습니다》를 참고하세요.)

이마저 어려워진다면? 그때는 외국 대신 한국의 아름다운 곳에서 한 달씩 살면 된다. 강릉, 통영, 춘천, 완도…. 그 목록도 점점 길어지고 있다. 그조차도 어렵다면? 그때는 안 다니면 된다. 아니, 안 다녀도 괜찮다. 안톤도 나도 이번 생애에 여행은 원도 한도 없이 했으니까.

갈까 말까 할 때는 무조건 가라

"팔자 좋으시네요. 난 가고 싶어도 형편이 안 돼서 못 가는데…."

많이 듣는 말이다. 맞다. 여행하려면 돈, 시간, 체력 그리고 호기심이 있어야 한다. 하지만 이 네 가지가 완벽하게 맞아서 여행하는 사람은 드물다. 젊을 때는 돈과 시간이 없고, 나이 들면 체력과 호기심이 떨어진다. 여행을 떠나지 못하는 이유는 수백 가지겠지만, 떠나는 이유는 단 하나다. '그럼에도 불구하고' 가고 싶다는 거다.

"돈 많으신가 봐요?"

이 말도 자주 듣는다. 돈이 많아서가 아니라 여행을 위해 돈을 모은다. 세계 일주를 준비할 때는 3년간 월급 대부분을 모았다. 지금도 수입의 일정 부분을 여행비로 따로 떼어 놓는다. 물론 나는 양가 부모님이 모두 돌아가시고 자식도 없기에 내가 번 돈을 오롯이 나 자신에게 쓰는 특혜를 누리고 있다.

그러나 더 중요한 건 한정된 돈을 어디에 쓸 것인가, 즉 지출 우선순위의 문제라고 생각한다. 사람마다 중요하게 여기는 지출 항목이 다르다. 주머니에 만 원밖에 없는데 배도 고프고, 집에도 빨리 가고 싶고, 책도 사고 싶다면 무엇을 선택하겠는가? 각자의 우선순위에 따라 그 돈으로 밥을 사 먹을 수도, 굶더라도 택시를 탈 수도, 붐비는 지하철에 끼여 가더라도 읽고 싶은 책을 살 수도 있다. 여행 비용도 마찬가지다. 내 경우에는 차도 없고 쇼핑에도 관심 없고 옷이나 먹거리 등 일상생활에 최소한만 쓰는 대신, 여행을 다니는 거다.

"이제는 집이 최고야!"

한때 열심히 해외여행을 다녔지만 이제는 귀찮다는 사람도 많다. 짐 싸는 것도, 시차 적응도, 낯선 언어, 음식과 잠자리도 부담스럽다고 한다. 항공권 구매나 숙소 예약이 번거롭고, 혹시 낯선 곳에서 예기치 못한 돌발 상황을 겪거나 아프면 어쩌나 걱정도 된단다. 한마디로 예전엔 설레던 여행이 이제는 피곤하기만 하다는 거다.

그 마음, 충분히 이해한다. 이들에게 좀 일찍 왔을 뿐, 나 역시 언젠가는 이런 이유들로 해외여행이 어려워질 때가 올 거다. 그런 날이 오기 전까지는 여행이 주는 즐거움과 자유를 마음껏 누리고 싶다.

단언컨대 지금의 나를 만든 건 8할이 여행이다. 여행에서 가장 다양한 경험을 하고, 가장 긍정적인 자극을 받고, 가장 커다란 깨우침을 얻었다. 돌아보면 힘든 여행은 있어도 나쁜 여행은 단 한 번도 없었다. 누가 뭐래도 내게 여행은 최고의 인생 학교였다.

여행을 가고는 싶은데 이런저런 이유로 망설이는 사람들에게 내가 늘 해주는 세 가지 조언이 있다.

① 갈까 말까 할 때는 무조건 간다.
② 돈은 여행 갔다 와도 없고, 안 가도 없다. (없으면 빌려서라도 가자!)
③ 가슴 떨릴 때 가야지, 다리 떨리면 못 간다.

나 자신에게도 하는 말이다. 그래서 나는 다닐 수 있을 때, 힘닿는 데까지 다닐 작정이다.

디지털 시대의 아날로그 여행자

'사람들은 언제부터 지금처럼 해외여행을 다니기 시작했을까?'

세계사 공부가 취미인 내가 궁금해서 찾아보았다. 이전에도 상인, 순례자, 탐험가, 유학생들이 국경을 넘나들었지만, 지금처럼 여가로 즐기는 여행과는 전혀 달랐다. 이윤 추구나 신앙, 개척, 지식 습득처럼 뚜렷한 목적이 있었기에 강도, 질병, 혹독한 날씨 같은 위험을 기꺼이 감수할 수 있었다. 그래서 15세기를 기점으로 여행의 역사를 다섯 시대로 나눠보았다. (교수 모드 ON!)

① 15~17세기 대항해 시대의 탐험여행 시대
콜럼버스와 마젤란의 신대륙 '발견'으로 세계지리 지식이 확장되고, '세계 일주'라는 개념 등장.

② 17~18세기 유럽의 그랜드 투어 시대
유럽 상류층 청년들의 장기 교양수업 여행이 배낭여행의 원형이 됨.

③ 19세기 산업혁명과 철도여행 시대
철도 같은 대중교통의 발달과 중산층의 등장으로 여행이 대중화되고, 패키지여행 산업이 시작됨.

④ 1960~70년대 히피 루트 시대
최소 경비로 자유와 명상을 찾아 떠난 유럽 젊은이들의 장기 여행이 배낭여행의 뿌리가 됨.

⑤ 2000년대 이후 디지털 여행 시대
저가항공과 부킹닷컴 등 온라인 여행 플랫폼 확산과 구글맵, 파파고 등으로 해외 개별 여행이 쉬워지고 보편화됨.

이런 역사의 흐름으로 보면, 내가 처음 배낭을 멘 1980년대는 히피 여행의 끝자락이자 아날로그 여행 시대의 막바지였고, 지금은 디지털 여행 시대의 중심에 있다. 직접 겪은 4단계와 5단계의 여행 문화, 방식 및 풍속도는 마치 다른 행성을 여행한 것처럼 모든 것이 달라졌다. 서서히 혹은 급속히!

편리함이 앗아간 것들에 대하여

체감하는 가장 큰 변화는 단연 여행 정보를 얻는 방식과 정보량이다. 예전 해외여행의 바이블은 《론리 플래닛 Lonely Planet》과 일본 가이드북 번역판 《세계를 간다》 시리즈였다. 그때는 해외여행자는 물론 갔다 와서 책으로 내는 사람이 매우 드물었던 시절이다.

1993년 세계여행 떠나면서 무려 20년 전에 출간된 《김찬삼의 세계여행》을 참고했다면 말 다했다. 지금은 검색창, 블로그, 유튜브, 챗GPT 등을 통해 실시간으로 원하는 만큼, 아니 그 이상까지도 알 수 있으니 천지개벽도 이런 천지개벽이 없다.

정보를 쉽게 얻을 수 있게 되면서 여행자 숙소의 풍속도 180도 바뀌었다. 예전에는 저녁마다 밥을 함께 해먹고 늦게까지 거실이나 마당에 모여 서로 여행담과 정보를 나누었다. 다 읽은 책이나 더 이상 필요 없는 물건을 교환하고 팀을 짜서 함께 투어를 다니고 마음에 맞는 동행자를 만나기도 한다.

숙소 주인은 여행의 성패를 좌우할 만큼 중요한 사람이었다. 정보 센터이자 환전소이자 해결사이자 보호자였기 때문이다. 나 역시 그들 신세를 톡톡히 졌다. 그들은 좋은 환율로 돈을 바꿔주고, 다음 목적지 숙소도 알려주고, 발톱이 빠지고 곪기까지 한 엄지발가락 상처가 말끔해질 때까지 치료해 주었다.

또한 푸세식 화장실에 빠뜨린 돈과 여권이 든 전대를 꺼내주고, 내 신발과 빨아 널어놓은 보조가방을 훔치려던 동네 불량 청년을 잡아주고, 혹시 그놈에게 해코지당할까 봐 다음 날 새벽, 버스 정거장에 바래다주기까지 했다.

지금은? 요즘 숙소는 예약부터 체크아웃까지 온라인으로 하기 때문에 숙소 주인은 얼굴 볼 일도 없다. 모든 정보는 스마트폰 안에 있으니 여행자끼리 정보 교환할 필요가 없다. 그래서 숙소에서 같이 밥을 먹으면서도 각자 휴대폰만 들여다보는 게 자연스러운 풍경이다. 편하긴 한데 예전의 수다와 웃음소리 섞인 왁자지껄한 분위기에 익숙한 내게는 뭔가 2% 아니 20% 부족하다. 역시 나는 아날로그!

언어장벽도 거의 사라졌다. 구글 번역기나 파파고 덕분에 아쉬운 대로 세상의 모든 언어를 읽고 말할 수 있어 외국어에 대한 부담이 크게 줄었다. 또한 구글맵 덕분에 길 잃을 걱정이 없으니 나 같은 길치에게는 구세주다. 그러나 그 때문에 현지인들이나 여행자들과 친해질 기회도 확 줄어들었다. 내가 소위 오지여행가가 될 수 있었던 결정적인 이유는 아이러니하게도 지독한 길치이기 때문이다. 허구한 날 길을 잃어버려 현지인에게 물으며 다니다가, 어느새 여행 정보에도 나오지 않는 오지까지 들어갔던 거다.

아날로그가 주는 따뜻함에 대하여

아프리카 여행 중에 있었던 일이다. '부산' 가는 버스를 타고 가다 실수로 발음이 비슷한 '부곡'에서 내리고 말았다. (정확한 동네 이름이 가물가물해서 한국 지명으로 대신함.) 큰 도시를 가야 하는데 작은 마을이어서 어리둥절하며 길 가는 아기 엄마에게 "부산? 부산?" 하고 물으니 손을 내저으며 "부곡, 부곡" 하는 거다. 집채만 한 배낭을 멘 동양인 여자를 보고는 동네 아이들이 모여들었다. 호기심에 찬 아이들은 빳빳한 내 머리와 (이들에게는) 하얀 팔뚝을 보고는 신기해서 서로 옆구리를 찌르며 키득거렸다.

손짓발짓, 그림까지 동원해서 아줌마에게 알아낸 정보는 이곳에서 '부산' 가는 버스는 하루에 한 번밖에 없고 마을엔 여행자를 위한 숙소가 전혀 없단다. 해는 저무는데 이 일을 어쩐다? 다행히 침낭이 있어서 지붕이 있고 안전하기만 하면 노숙하며 하룻밤 지내는 건 큰 문제없을 것 같았다.

그때 아기 엄마가 두 손을 포개어 베개처럼 만들어 보이며 내 손을 끌었다. 자기 집에서 자고 가라는 거다. "우와, 고맙습니다." 나를 둘러싸고 있던 아이들 중, 다섯 살 정도 된 딸을 앞세워 마른 풀로 지붕을 엮은 집으로 갔다.

갑자기 들이닥친 나를 보고 눈이 휘둥그레진 젊은 남편과 연신 싱글벙글하는 부인과 나를 졸졸 따라다니는 어린아이 3명 그리고 송아지, 닭과 함께 좁은 집에서 하루 묵으면서 따뜻하게 지냈다. 말은 안 통해도 마음은 잘 통했으니까. 다음 날, 어린 딸을 비롯해 그 집 식구들이 작당(!)해서 내 옷을 감추며 못 가게 하는 바람에 버스를 놓치고 결국 하루 더 묵었다.

그다음 날, 그날은 꼭 떠나려고 준비하고 있는데 먼 마을에서 친척 아줌마가 왔다. 소가죽으로 만든 신발과 물통이 한눈에도 '나, 오지 깡촌마을 사람'이라고 말해주었다. 소위 '오지' 여행가인 내가 그 기회를 놓칠 수 없지. 그날 오후 소운반용 트럭을 타고 그 아줌마 집이 있는 깡촌 중의 깡촌으로 가서 또 며칠을 동네 사람, 특히 아이들과 신나게 놀았다.

10명 남짓의 동네 꼬마에게 삼색 볼펜으로 남자아이들에게는 손목시계를, 여자아이들에게는 다이아몬드나 꽃반지를 그려주니 너무 좋아하며 하루 종일 "비야, 비야" 하면서 내 뒤꽁무니를 졸졸 따라다녔다. 자기 아이들이랑 놀아줘서 우쭐해진 아줌마는 나를 위해 닭이 아니라 염소를 잡아 주며 몸보신까지 시켜주었다.

이렇게 지내다 떠나려니 짧은 시간이지만 서로 정이 들어 나도 그들도 콧등이 시큰해지고 눈시울이 뜨거워졌다. 마음 여린 아이들은 나를 붙잡고 엉엉 소리 내서 울기까지 했다. 떠날 때 부엌 등잔 밑에 몰래 돈을 놓고 왔다. 돈으로 그들의 마음을 반의 반도 갚을 수 없지만 직접 주면 안 받을 게 뻔하니 이렇게라도 고마운 마음을 전하고 싶어서였다.

어린 가축들이 사람과 함께 집 안에서 자는 곳이라 온몸에 동물 진드기가 잔뜩 붙어 고생은 좀 했지만 평생 간직할 소중한 추억이자 따뜻한 얘깃거리였다. 이 모든 것이 '부산' 대신 '부곡'에서 내렸기 때문이다. 내 위치를 정확히 알려주는 GPS와 구글맵이 있는 요즘에는 절대로 일어나지 않을 일이었다.

구글맵 얘기가 나왔으니 말인데 디지털 덕분에 여행이 훨씬 편리해졌지만, 반대로 디지털에 익숙하지 않으면 여행 자체가 어려워지기도 한다. 비자 발급, 항공권 구매, 숙소 예약, 버스표 구매, 택시 호출, 음식 주문 및 결제, 관광지 입장까지 모두 모바일 앱으로 해야 하기 때문이다.

이제는 '잘하면 이익, 못하면 손해' 수준이 아니라 스마트폰과 인터넷이 없으면 아예 여행이 불가능한 시대다. 그러니 특히 디지털 세대가 아닌 '아날로그 60세 여행자'들도 어떻게든 배워야 한다. 그래야 다리 떨릴 때까지, 아니 떨리면서도 계속 다닐 수 있다.

나도 몇 년 전 남부 수단 파견 근무를 떠날 때, 전자비자 신청서의 첨부 사진 사이즈와 용량 줄이는 법을 몰라 그날 자정까지 접수를 못하는 바람에, 출국 직전 몇 시간 전에야 가까스로 발급받았다. 말 그대로 슬라이딩 세이프! 지금 생각해도 진땀이 난다.

K컬처의 힘: 내가 BTS 이모라도 되는 양

40년 전과 비교해 뼈저리게 체감하는 변화는 '대한민국 여권 파워'다. 1990년대만 해도 거의 모든 나라가 비자를 요구했다. 비자료도 비싸지만 서류 준비(심지어 잔고 증명까지 요구한다)도 엄청났다. 한국에 대사관이 없는 나라는 국제등기로 대사관이 있는 일본으로 여권을 보내기까지 했으니 그 어려움과 번거로움은 무엇을 상상하던 그 이상이었다.

같이 여행하는 서양인이나 일본인은 무비자로 입국하는 나라를, 나만 비자는 물론 까다로운 입국 심사까지 받아야 할 때마다 '우리 국력이 약해서 이런 거지' 하며 씁쓸하고 속이 쓰렸다. 그런데 겨우 40년 만에 어떻게 변했는지 아는가?

1980, 90년대 한국인이 무비자로 입국할 수 있는 나라는 30~50여 개국 정도였는데, 2025년 현재 무비자 혹은 도착 비자로 입국이 가능한 나라가 무려 190개국, 여권 파워는 세계 2위다. 말 그대로 상전벽해, 격세지감이다. 지금 세계를 여행하는 한국 사람들이 부러울 따름이다. 이 대단한 한국 여권 파워, 어깨를 활짝 펴고 고마워하며 마음껏 누리시길!

또 빼놓을 수 없는 변화는 한국에 대한 호감과 인기다. 현지인이건 여행자건 특히 젊은이들 사이에서는 가히 폭발적이다. 내가 한국 사람이라면 눈을 크게 뜨고는 즉석에서 한국 노래를 부르고 한국 드라마, 배우, 라면 브랜드를 줄줄이 읊으며 환호한다.

"한국에선 비 오는 날, 모르는 (잘생긴) 남자가 우산 씌워 준다면서요?"

이런 걸 물어보면 난감하다. 이건 또 어느 드라마에서 나오는 장면이지?

한번은 캄보디아 시안렘 버스 터미널에서 시아누크까지 가는 장거리 야간 버스가 몇 시간이나 연착하는 바람에 모두들 대합실에서 무료하게 시간을 죽이고 있었다. 그런데 갑자기 대여섯 명의 20대 서양 젊은이들이 BTS의 '버터'를 부르기 시작했고 급기야는 모두 일어나 춤까지 추는 게 아닌가. 그걸 보던 캄보디아 젊은이들도 그 군무에 가세했고 이어지는 노래는 나도 아는 '다이너마이트'라 나 역시 그들의 떼창에 합류해서 한참을 흥겹게 놀았다.

한국에서 왔다니까 당장 "안녕하세요?"라고 합창을 하면서 내가 BTS 이모라도 되는 양 엄지를 치켜세우고 나와 셀카를 찍어대며 어찌나 좋아하던지. K컬처 인기 덕분에 이렇게 각 나라 젊은이들과 소통하고 즐길 수 있어서 참 좋다. 40년 전 여행지에서마다 '희귀종'이었던 사람으로 요즘 이런 무한한 관심과 호감이 감개무량하기만 하다.

개인적으로 40년 전과 가장 크게 달라진 건 '공짜 국제전화'다. 목소리는 물론 얼굴 보면서 대화하는 영상 통화도 무료다. 카톡으로 이런 게 가능해진 2012년 이전에는 상상도 못했던 일이다.

그전에는 여행 중 한국에 전화 한 통 하려면 큰마음을 먹어야 했다. 일단 큰 도시 우체국을 찾아 국제전화를 신청하고, 번호가 연결될 때까지 하염없이 기다렸다. 마침내 교환원이 연결에 성공하면 작은 부스로 들어가 통화를 했는데, 대부분 음질이 엉망이라 상대방 말이 잘 안 들려서, 나도 고래고래 소리를 질러야 했다. 게다가 국제전화 3분 기본 통화료가 하루 여비와 맞먹을 만큼 비싸서, 한 달에 한 번 월간지 원고료 받는 날에야 전화하는 게 고작이었다.

기다리고 기다리던 내 전화를 받은 우리 엄마, 놀라고 반가워서 한 옥타브 높아진 목소리로 "아이고, 비야가? 니 지금 어디고? 잘 있제?" 하고는 번번이 울먹이느라 말을 잇지 못했다.

"엄마, 이거 비싼 전화니까 울려면 빨리 다른 사람 바꿔줘."

짧디짧은 3분 통화라 급한 마음에 이렇게 말하곤 했는데, 지금 생각하면 너무나 죄송하다. 불효도 이런 불효가 없다. 이름도 낯선 나라를 6년씩이나 혼자 다니는 셋째 딸이 얼마나 걱정되셨을까? 내 전화가 올 때까지 얼마나 마음 졸이셨을까? 그러다 마침내 내 전화를 받았으니 얼마나 안심이 되셨을까?

'엄마, 미안해요. 너무 반갑고 긴장이 풀리면 울음이 터진다는 걸, 그땐 미처 생각 못했어요. 이승과 저승을 이어주는 전화가 있다면 엄마랑 딱 3분만 통화하고 싶어요. 이번에는 내가 울고 말겠지만요.'

여행 중 외국어 공부는 마당 쓸고 엽전 줍는 일

"5개 국어라고요?"

놀라기는! 간단한 인사나 자기소개 정도라면 훨씬 많겠지만, 이력서에 적을 정도로 읽고 쓰고 말할 수 있는 언어는 영어, 스페인어, 중국어, 일본어에 모국어인 한국어까지 다섯 개다. 수준은 한국어(Native), 영어(상 Fluent), 중국어·스페인어(중 Intermediate), 일본어(하 Beginner) 순이다.

그런데 아는가? 영어를 제외한 나머지는 모두 여행을 계기로 시작하고 여행 중에 익힌 언어들이다. 그러니 지금 나의 외국어 능력은 전적으로 해외여행의 부산물이자 보너스다. '여행하며 외국어 배우기'라는, 꿩 먹고 알 먹고, 도랑 치고 가재 잡고, 마당 쓸고 엽전 주워 얻는 훈장이기도 하다.

물론 현지어를 못한다고 여행을 못 다니는 건 아니다. 오히려 손짓발짓, 표정이나 간단한 그림이 더 훌륭한 소통 수단이 되기도 한다. 요즘은 똘똘한 온라인 번역기가 크게 한몫하고 있다.

"그럼 왜 굳이 여행 중에 외국어를 배우세요?"

이유는 딱 하나, 재미있기 때문이다. 더 정확히 말하면 여행을 다니며 조금씩 배우다 보면 어느덧 현지인들에게 '와, 잘하시네요'라고 칭찬받고, 그 말에 신나서 더 열심히 하다가 여기까지 온 거다.

나는 외국어 특히 여행자의 언어에 흥미가 없거나 배울 의사가 없는 사람들에게 억지로 공부를 권유하거나 설득할 생각은 전혀 없다. 여행 중 의사소통은 다른 방법으로 해결하고, 대신 관심 있는 것에 집중하며 한껏 즐기면 된다.

그러나 나처럼 현지어에 관심은 있지만, 배울 엄두가 나지 않는 사람들의 등은 살짝 떠밀고 싶다. 재미와 효능, 투자

대비 만족도가 모두 만점이라 혼자만 즐기기엔 너무 아깝기 때문이다. 그래서 내 경험과 꿀팁을 아낌없이 나눈다. 이 글을 읽고 '해보고는 싶은데, 될까?' 하던 의문이, '이 정도면 해볼 만한데'라는 의욕으로 바뀌길 바라면서!

봉주르! 꼬망딸레브?

나의 첫 제2외국어는 처참한 실패였다. 고1 때 독어와 불어 중 얼떨결에 불어를 택했는데 첫 시간부터 내 취향이 아니라는 걸 깨달았다. 문제는 불어 자체가 아니라 불어 선생님이었다. 프랑스에서 잠깐 살다 왔다고 본토 파리지앵인 양 거들먹거리며 "(명문 여고생도 아닌) 너희들이 내 말을 어떻게 알아듣겠어?"라고 학생들을 대놓고 무시하는 태도를 참을 수 없었다.

반항심으로 수업은 건성건성, 발음은 엉망진창, 시험은 대충대충…. 당연히 수업 태도, 성적도 나빴고 급기야 불어는 내 원수가 되어버렸다. 그때 생긴 불어 트라우마가 지금까지도 불어라면 Non, Non, Non! 몸서리가 쳐진다.

곤니찌와. 오겡끼데스까?

고등학교를 졸업한 뒤, 일본어에 눈길이 갔다. 당시 반일 감정이 팽배했지만, 젊은이들 사이에는 일본 만화, 잡지, 영화가 폭발적인 인기였고, 나도 그 파도에 올라탔다. 문법은 독학으로, 회화는 '10분 전화 일어'로 배웠다. 그렇게 틈틈이 익힌 덕분에 미국 유학 중에 일본인 친구를 사귀게 되었고, 졸업 후 그 친구 도쿄 집에서 몇 달 머물기도 했다. 이렇게 슬렁슬렁 배운 일본어를 세계 일주 내내 얼마나 요긴하게 써먹었는지 모른다.

1993년부터 1999년 사이에 해외여행을 하던 동양인 여행자들은 대부분 일본 사람이었는데, 이들은 묵었던 숙소의 공용 노트에 깨알 같은 글씨로 알찬 정보를 남기는 걸로 유명했다. 당시에는 《론리 플래닛》 외에는 딱히 참고할 여행 정보가 없어서 일본어로 남긴 따끈따끈한 정보가 정말 알토란같았다.

영어가 서툰 일본 여행자와 며칠씩 동행할 때는 한자 필담을 곁들여 일어로만 소통한 덕분에, 세계여행 끝 무렵에는 일본어가 꽤 능숙해졌다. 중국의 둔황敦煌 석굴, 요르단의 페트라에서 일본인 패키지 관광객을 따라다니며 가이드 설명까지 엿들을 수 있었으니, 그 당시 일어는 매우 쓸모 있는 여행자 언어였다.

니 하우. 꾸어더 썸머 양?

중국어는 아예 여행 중에 시작했다. 세계 일주 마지막 국가인 중국을 7개월 정도 손짓발짓에 눈치와 필담으로 힘든 여행을 하고 나니, 중국어를 뽀개버리고(!) 싶은 심정이었다. 그래서 베이징에 남아 몇 달간 어학원을 다니고 개인 교습도 받았지만 떠날 때 실력은 성에 차지 않았다.

결국 10년 후인 2010년, 다시 1년 본격적인 어학연수 후에야 HSK(중국 정부 공인 중국어 능력시험) 중급인 3급을 땄고, 하고 싶은 말은 얼추 할 수 있게 되었다. 그게 목표였기 때문에 이번에는 대만족이었다.

돌아보면 그 1년 동안 책상에서 한 공부 못지않게, 한두 달에 한 번 내국인 단체 관광단에 유일한 외국인으로 끼어 며칠 동안 중국어만 사용하며 다닌 '극한 여행'이 회화 실력 향상에 결정적인 요인이었다. 역시 여행에 답이 있었다.

올라, 코모 에스따스?

스페인어도 30대 세계 일주 중에 다시 꽃핀 언어다. 1988년 미국 유학 시절, 대학원 졸업 자격 조건으로 영어 외에 유엔 공식 언어 중 하나를 더 해야 했다. 그때 택한 외국어가 스페인어였다. 노력 대비 실력이 팍팍 는다더니 실제로도 그랬다. 세 학기 만에 초급 문법시험과 회화시험을 통과했는데, 그때 '급하게' 배운 스페인어가 훗날 세계 일주의 일부로 간 중남미 여행에서 막중한 역할을 했다.

약 6개월간의 중남미 여행 중에, 중남미 장기 여행자들이 흔히 하는 스페인어 수업을 나도 받았다. 과테말라와 멕시코에서 각각 일주일씩, 총 세 번 1:1 개인 과외를 한 거다. 일주일 단위로 하루 4시간 개인 수업과 현지인 홈스테이 포함해 약 100달러로, 가성비 탁월한 프로그램이었다. 덕분에 여행 중 대충 쓰던 표현, 틀린 문법과 발음을 주기적으로 교정받을 수 있었다.

중남미 여행을 마치고 LA에 사는 작은언니 집에 들렀을 때였다. 언니 가게 멕시코 직원들과 신나게 수다를 떨고 있었는데, 안쪽에 있던 언니가 내게 다가와 눈을 크게 뜨며 말했다.

"어머, 아까부터 스페인어로 떠든 게 너였어? 난 다이애 나인 줄 알았네."

그 말에 한껏 우쭐해진 내가 이렇게 대꾸했다.

"그럼, 내가 여행 중에 놀기만 했겠어?"

그러나 어학 능력은 근육처럼 단단히 길러놔도, 안 쓰고 놔두면 너무나도 허무하게 사라져버린다. 한국에 돌아와 외국어는 영어만 쓰다 보니 애써 만든 나의 중국어, 일본어, 스페인어 근육이 눈에 띄게 줄어들었다. 이러다간 모두 흔적도 없이 사라질까 두려웠다.

그러다가 스페인어에 다시 불이 붙었다. 이번에도 여행 덕분이다. 신혼 여행지로 쿠바를 택했기 때문이다. 여행도 여행이지만, 이미 5개 국어를 모국어처럼 하는 안톤이 이참에 새로운 언어로 스페인어를 배우겠다고 나선 것이다. 나로서는 녹슬고 있는 내 스페인어를 갈고닦고 기름칠할 절호의 기회였다.

신혼여행인가, 어학연수인가?

그리하여 우리는 두 달간의 신혼여행 중 무려 4주간을 하루 3시간씩 1:1 집중수업을 했다. 신혼여행 와서 노는 것보다 공부가 더 재밌다면 믿겠는가? 우리가 그랬다. 두 도시에서 만난 두 명의 선생님 중 한 분은 교사 출신 60대 남성으로 느긋했고, 다른 한 분은 경찰 출신 50대 여자로 정확하고 엄격했다.

덕분에 수업은 균형이 잡혔고, 우리는 말문 트이는 과정을 온전히 즐겼다. 한곳에 오래 머물며 동네 가게 주인들, 동네 아이들, 성당 신부·수녀님들과도 친해지면서 스페인어 공부에도 가속도가 붙었고 욕심도 생겼다.

'5년 안에 스페인어 유창하게 하기!'
'이 목표 달성을 위해 3차례 중남미 장기 여행 및 어학연수 가기!'

쿠바를 떠나면서, 우리가 세운 두 가지 야심 찬 목표다.

'Porque no? Vamos! (왜 안 되겠어? 해보는 거야!)'

이 목표에 따라 다음 해 겨울, 우리는 멕시코와 과테말라로 향했다. 석 달 동안 세 도시에서 6주간 '빡세게' 어학연수를 했는데, 특히 과테말라 안티과에선 수도원을 개조한 아름다운 어학원에서 수업하는 호사를 누렸다. 아침엔 공부, 오후와 주말엔 여행, 저녁엔 홈스테이 가족과 수다, 회화가 늘 수밖에 없는 환경이었다.

그다음 해 겨울, 두 번째로 두 달간 칠레, 볼리비아, 파라과이, 아르헨티나를 돌았다. 파라과이에선 내 온라인 스페인어 강사 모니카와 그녀의 엄마 집에 머물며 매일 두 시간 수업 후, 뒷마당에서 가족들과 스페인어로 이야기꽃을 피웠다. 일상에서 영어보다 스페인어를 더 많이 쓰기 시작했고 심지어 스페인어로 꿈도 꿨다. 하하하!

중남미 여행 마지막 3차는 2026년 겨울, 페루, 콜롬비아를 거쳐 파나마, 니카라과를 돌 예정이다. 이로써 스페인어 단기연수도 마무리할 생각이다. 읽고 쓰기는 아직 부족하지만 듣기와 말하기는 이미 실전 가능 단계. 이제 남은 건 부딪치며 갈고 다듬는 일이다.

하지만 몇 년간 공들여 쌓은 실력도, 쓰지 않으면 새벽안개처럼 사라지는 법! 그래서 한국에서는 매일 15분 동영상

문법 복습, 주 2회 30분 모니카와의 화상 회화를 꾸준히 하고, 세계뉴스도 CNN 스페인어로 본다. 이 모든 건 내 '스페인어 근육'을 유지하기 위한 최소한의 몸부림이다.

물론 현실적으로 아무리 노력해도 스페인어를 영어만큼 할 수는 없다. 아니 그럴 필요도 없다. 내 목표는 업무 언어가 아니라 여행자 언어로서의 스페인어니, 이 수준으로도 충분하다. 그러니 이제는 더 잘하려고 애쓰지 않고, 느긋하게 즐기며 쓸 일만 남았다. 근데 조만간 공인 스페인어 능력 시험(DELE) 중급 B2는 한번 볼까 한다. 학생은 모름지기 시험 준비하면서 실력이 쑥, 늘지 않는가? (아직도 못 버린 이 경주마 습성이여!)

여행자 언어로서의 스페인어

아무튼 스페인어를 다시 시작한 건 정말 잘한 일이다. 특히 여행자 언어로 적극 추천한다. 로마자 알파벳을 쓴 그대로 읽는 '정직한 언어'라 접근성이 좋고, 발음과 억양도 참 예쁘다. 동사 변화가 어렵다지만, 막상 해보면 신나게 살사를 추는 느낌이라 오히려 매력적이다.

실속도 만점이다. 스페인과 중남미는 물론, 미국 남부에서도 쓰이고, 포르투갈어, 이탈리아어, 불어와도 비슷해 여행자 언어로 최고다. 무엇보다 영어 공부에 들였던 시간과 에너지의 10분의 1만 투자해도 놀랍도록 쑥쑥 느는 게 최대 장점이다. 30, 40, 50대는 물론 60세 이상도 충분히 도전해볼 만한 언어다. (내가 보증한다!)

"하다가 그만둘 게 뻔해요. 아예 시작을 말아야지."

스페인어 등 외국어를 배우고는 싶지만 엄두가 안 난다는 사람들이 흔히 하는 말이다.
그럴 때마다 나는 이렇게 대답한다.

"하다가 그만둬도 한 만큼은 남는 거니까, 일단 해보시죠!"

복잡하게 생각할 것 없다. 하다가 힘들면 그만두면 되고, 해봤더니 재밌으면 계속하면 된다. 그것도 자기 목표와 자기 속도로 하면 오케이다. 시험 보는 것도, 성적표가 공개되는 것도 아닌데 뭐가 걱정인가?

한 가지, 하기로 마음먹었다면 하루라도 빨리 시작하는 게 좋다. 그 마음 변하기 전에 말이다. 게다가 젊을 때의 내일은 늘 오늘보다 바쁘고, 나이 들어서의 내일은 오늘보다 머리가 잘 안 돌아가기 마련이니 하루가 금쪽같다.

'Vamos(우리, 해보는 거야)!'

이제는 '이기적'으로 여행할 때

은퇴 후 한국인이 가장 하고 싶은 일 1위는?

압도적으로 해외여행이다. 전혀 놀랍지 않다. 60대뿐 아니라 모든 세대가 간절히 꿈꾸는 일이니까. 가고 싶은 나라의 여행 정보를 검색하고 비행기표를 예매하고 여행 가방을 싸서 공항버스를 탈 때까지의 설렘만으로도 이미 여행의 절반을 즐긴 셈이다.

비행기에서 기내식을 먹고 와인 한두 잔 마신 뒤 선잠에 빠졌다가 눈을 뜨면 어느 덧 도착지. 공항 밖으로 나서는 순간, 낯선 언어와 냄새, 얼굴을 스치는 이국의 공기에 도파민과 엔도르핀이 한꺼번에 폭발하며 긴장감이 온몸을 휘감는다. 그래, 바로 이 맛이야!

이런 여행의 맛은 여전하지만, 해외여행 40년 차이자 인생 학교 6학년이 된 지금 나의 여행을 대하는 태도가 확실히 달라졌다. '여행도 나이에 맞게 해야 한다'는 말, 전적으로 동의한다. 몸과 마음, 시간 개념과 재정 상태가 예전과는 크게 달라졌다면, 그에 걸맞은 여행을 하는 건 자연스럽고 지혜로운 일이다.

그렇다면 나이에 맞는 여행은 어떻게 해야 하나? 이 질문의 답을 대신해 내가 직접 부딪히며 터득한 네 가지 실전 꿀팁을 나눠보려 한다. 이 팁이 60대에게는 바로 활용할 수 있는 현실적인 조언이 되고, 50대 이하에게는 미래 여행을 준비하는 동시에 주변 60+ 여행자들을 이해하는 데 도움이 되기를 바란다.

첫 번째 팁: 복용 약은 꼼꼼하고 넉넉하게 챙기기

60세 이상 여행자가 해외로 떠날 때 최우선으로 챙겨야 할 네 가지가 있다. 여권, 신용카드, 휴대폰 그리고 복용 약이다. 특히 약은 해외에서 구하기가 생각보다 훨씬 어렵다.

약국은 많지만 동일 성분의 약을 찾는 게 쉽지 않고, 설령 찾더라도 현지 처방전 없이는 구입할 수 없는 경우가 대부분이다. 그래서 복용 약은 여행 기간보다 일주일 분 정도 넉넉히 챙기고, 동행이 있다면 두 봉지로 나누어 한 봉지는 내가, 한 봉지는 동행에게 맡기는 게 안전하다.

나도 약 때문에 진땀을 뺀 적이 있다. 평소에 혈압 약과 혈전용해제를 복용하는데, 동유럽 발칸반도 여행 중 크로아티아 두브로브니크에서 2주 분이나 부족하게 챙겨왔다는 걸 알았다. 놀라서 한국 담당 의사에게 카톡을 보냈더니 당장 이런 답이 돌아왔다.

"혈압 약은 이틀 이상 건너뛰면 위험해요. 약 성분과 용량 정보를 보낼 테니 빨리 큰 도시에 가서 구하세요."

으음, 큰 도시라면 수도인 자그레브로 가야 하는데, 그럼 아름다운 폭포로 유명한 플리트비체 호수 국립공원에서 느긋하게 머물 계획은 물거품이 된다는 뜻이다. 이미 예약한 숙소는 환불 불가 조건이라 돈도 아깝고…. 아, 혈압 오른다!

"찾는 약은 있지만 처방전이 필요합니다."

뼈아픈 금전적, 심리적 희생을 감수하며 자그레브 역 근처의 큰 약국으로 쫓아갔는데 약사가 친절하나 단호하게 처방전을 요구했다. 이를 어쩌나! 하필 그날이 일요일이라 주변 개인 병원은 문을 닫았고, 큰 병원은 응급 환자가 아니면 예약 없이는 갈 수 없고 한국 의사에게 처방전을 보내달랄 수도 없었다.

약은 딱 한 알 있는데 여행은 아직 2주일이나 남았다. 안전하게 오늘 여기서 묵고 내일 한국에서 처방전을 받아 약을 구해서 가야 하나? 아니면 다음 큰 도시, 헝가리 부다페스트에서 구입할까? 설마 며칠 늦는다고 큰일이야 나겠어? 그런데 부다페스트 가는 길에 바다만큼 넓은 발라톤 호수 자전거 일주는 하고 가야 하는데. 그것까지 하려면 3~4일은 늦어질 텐데, 괜찮으려나? (괜찮을 리가 없지. 이틀 이상 건너뛰면 안 된다잖아!)

여러 가지 생각이 동시에 떠올라 정신 못 차리고 있는데, 안톤이 내 메모지를 힐끗 보더니 말했다.

"혹시 이 약 아니야?"

세상에. 그가 약상자에서 꺼낸 약과 성분표는 내가 찾던 바로 그 약이었다. 안톤도 부정맥 때문에 같은 성분, 같은 용량의 약을 복용하고 있었다. 다만, 한국 약과 모양이 달라서 같은 약인지 꿈에도 몰랐던 거다.

다행히 '준비성 좋은' 그는 약을 넉넉히 가지고 있었다. 깔끔하게 문제 해결! 그 후로 며칠 동안 그가 내 생명의 은인이라며 온갖 생색을 내는 걸 감내해야 했다. 그 사건 이후, 나는 반드시 영문 처방전을 가지고 다닌다. 그리고 복용 약은 절대로 '적당히' 챙기지 않는다. 오래 살려고 먹는 약 때문에 또다시 십년감수할 수는 없으니까.

두 번째 팁: 여정은 메인과 디저트 코스로 나눠서 짜기
60세 이상 여행은 예전보다 시간이 배로 든다. 마음은 청춘이라도, 몸과 머리는 예전처럼 빠릿하지 않기 때문이다. 그래서 여유가 필수다. 뭘 하든 시간을 넉넉히 잡고 다녀야 불필요한 스트레스를 피할 수 있다. 기차역이나 버스 정류장에는 최소 30분 일찍 도착하고, 관광지에서도 중간에 앉아 쉴 시간을 감안해야 지치지 않고 다닐 수 있다.

얼마 전까지만 해도 나 역시 이렇게 생각했다.

'내 평생 여기를 다시 오겠어? 온 김에 하나라도 더 봐야지.'

지금은? 그럴 생각 1도 없다. 한두 곳이라도 천천히 제대로 보면 그걸로 족하다. 체력도 그렇지만 몇 군데 더 본다고 그만큼 더 남는 것도 아니라는 걸 깨달았기 때문이다.

올여름, 모로코에서 육로로 네덜란드로 돌아오는 길에 스페인 마드리드에 들렀다. 나는 35년 전 1일 1도시 주마간산식 유럽여행을 할 때 안톤은 세 번이나 왔던 곳이다. 올 때마다 프라도 미술관은 갔지만 둘 다 뭘 봤는지 기억나는 게 거의 없었다.

그래서 마드리드 체류 이틀 중 하루를 털어 '프라도 미술관 뽀개기'를 하기로 했다. 오전 10시에 입장해서 오후 5시까지 무려 7시간을 중간중간 식사와 차를 마시고, 쉬엄쉬엄 앉기도 하면서 미술관에서 빌린 오디오 가이드를 들으며, 그림과 그에 얽힌 이야기를 온전히 즐겼다.

그러느라 대성당 안에 못 들어가고, 왕궁도 겉만 봐야 했지만 우리는 이거 하나로 대만족이었다. 미술관을 나오면서 안톤이 흡족한 얼굴로 말했다,

"아, 이제야 제대로 본 것 같네. 이런 게 바로 우리다운 여행이지."

나도 크게 고개를 끄덕였다.

느긋한 여행을 위해 내가 추천하는 방식은 '메인 코스+디저트 코스' 구성이다. 예를 들어 암스테르담을 1박 2일로 여행한다면, 하루는 반 고흐 박물관, 하루는 운하 유람선을 메인 코스로 정한다. 나머지 시간엔 조르단 광장이나 중앙역 주변을 산책하듯 도는 디저트 코스를 추가한다. 메인을 배부르게 즐겼으니 디저트는 먹으면 좋고 안 먹어도 괜찮다는 여유가 핵심이다.

'느린 여행'을 위해선 좀 비싸더라도 숙소를 도심 가까운 곳에 정하는 게 좋다. 그래야 이동시간과 에너지가 절약되고 다니다가 잠깐 들어와 쉴 수도 있다. 또한 한 숙소에서 최소 2박을 하면 심리적으로 큰 도움이 되는 것 같다. 숙소

에 간단한 요리가 가능한 작은 부엌이 있으면 금상첨화다. 한밤중에 끓여먹는 한국 라면의 구수한 냄새와 맛을 상상해 보라!

　2주일 이상의 긴 여행이면 일주일에 반나절 정도는 아무 일정 없이 푹 쉬는 시간을 갖는 걸 강력 추천한다. 60세 이상에게는 체력도 체력이지만 근처 마음에 드는 카페에 앉아 일기를 쓰고 사진이나 영수증을 정리하면서 머릿속도 말끔히 정리 정돈하는 시간이 꼭 필요하다. 내 경험상, 이렇게 쉬는 날에 맘 편히 길게 쓴 일기는 그 어떤 기념품보다 소중하고 오래 남는다.

세 번째 팁: 여행 중 뭔가를 찾지 않으려면

　60세 이상 여행자의 특징 중 하나는 '맨날 뭔가를 찾는다'는 점이다. 방금 산 버스표나 입장권을 찾느라 호주머니와 가방을 탈탈 털기 일쑤다. 심지어 손에 들고 있는 휴대폰이나 쓰고 있는 모자를 찾기도 한다. (당신들도 나이 들어보라!)

　가방을 뒤질 때 잘 보이도록 하기 위해서, 나는 투명 지퍼백을 애용한다. 화장품은 물론 충전기, 이어폰, 심지어 속옷까지 다양한 크기의 지퍼백에 보관하는데, 이게 좀 '없어보여도' 수색시간과 스트레스 줄이는 데 매우 효과적이다. 어떤 사람은 자기 물건을 일행이 다 보는 게 싫다는 사람도 있지만 보이면 좀 어떤가? 나는 스트레스 덜 받고 빨리 찾는 게 훨씬 중요하다.

그래도 '감쪽같이 사라진' 물건은 여전히 있다. 하루가 멀다 하고 배낭을 뒤집어엎으며 한바탕 소동을 부리는 건 기본이지만 어쩌겠는가? 단기 기억력이 약해져서 그런 걸. 그러니 수시로 잃어버린 물건을 찾아주는 성 안토니오스에게 도움을 청하는 수밖에. (공교롭게 안톤의 풀 네임과 같다.)

성인의 자비와는 별도로 나는 자구책으로 목걸이 지갑과 지퍼 달린 주머니를 사용한다. 여권과 신용카드, 예약 티켓이나 버스표 같은 중요한 것들은 목걸이 지갑에 넣어 옷 안에 착용한다. 여름에 땀이 좀 차긴 하지만 분실 염려가 없으니 훨씬 마음이 편하다.

또한, 지갑처럼 자주 꺼냈다 넣었다 하는 물건은 반드시 지퍼가 있는 주머니에 넣는다. 그래서 내 여행용 겉옷은 큼직한 지퍼 주머니가 필수다. 지퍼가 없으면 부착식 매직테이프, 일명 찍찍이라도 달아서 호주머니 안 물건이 빠지지 않게 한다. (암수 세트 2m가 단돈 2,000원인데 여행 중에는 이게 효자 중의 효자다.)

휴대폰은 각별히 조심해야 한다. 잃어버리는 순간, 여행은 거의 불가능해진다. 연락이 두절되고, 예약 정보가 사라지고, 모바일 결제나 길 찾기, 번역도 전부 할 수 없기 때문이다. 그래서 요즘에는 휴대폰을 튼튼한 줄로 바지 허리띠 고리에 연결한 채 주머니에 넣고 다니는 여행자가 많다. 좀 불편하긴 해도, 절대 잃어버릴 일이 없는 이중 안전장치다. 안톤도 이렇게 하는데 매우 흡족해한다.

좀 다른 이야기지만 60세 이상은 화장실도 열심히 찾아야 한다. 이에 대한 내 팁은 간단하다. 갈 수 있을 때 무조건 가라! 특히 유럽은 화장실이 거의 다 유료다. 보통은 1유로, 심지어 2유로, 우리 돈 3,000원을 받는 곳도 있다. 그러면서 흔하지도 않고 휴지가 있거나 깨끗하지도 않다. (내가 살아봐서 잘 안다!)

공중화장실은 자타 공인, 우리나라가 세계 최고다. 공짜, 청결, 안전에 항상 휴지 있고 겨울에는 난방까지 해주는 공중화장실은 내가 다녀본 어느 나라에도 없다. 그러니 우리나라를 기준으로 생각하면 절대 안 된다.

마지막 팁: '이기적'으로 여행하기

마지막 꿀팁은 60세 이상의 여행은 '나만을 위한 시간'이라는 점을 잊지 말라는 거다. 젊을 때처럼 자랑하거나 증명할 필요도 눈치 볼 필요도 없다. 그저 가고 싶은 만큼만 가고, 하고 싶은 것만 하고, 쉬고 싶을 땐 앉고, 힘들면 나머지는 안 봐도 그만인 '지극히 나 중심적이고 이기적인 여행'을 해야 한다. 오래 다니고 싶으면 그래야 한다.

동행이 있다면 솔직함이 핵심이다. 숙소든 음식이든 일정이든, 상대방의 언행이나 태도든 뭐든지 좋으면 좋다, 싫으면 싫다 솔직하고 명확하게 의사를 밝히는 게 관건이다. "말 안 해도 다 알겠지"라거나 "내가 좀 참지 뭐"라는 태도는 매우 위험하다. 즐겁자고 하는 여행에서 왜 참아야 하나? 물론 말한다고 모든 문제가 해결되지는 않지만, 최소한 서로 조심하고 배려하게 만드는 힘이 있으니, 말하는 게 백번 낫다.

잘 맞는 동행이라도 2주일 이상의 긴 여행이라면 주기적으로 각자의 시간을 갖는 '따로 또 같이'를 권한다. 반나절 아니 몇 시간이라도 매우 효과적이다. 별거 아닌 이 시간이 서로의 자유와 여유, 좋은 관계까지 지켜주는 비결이다.

무엇보다 이때 여행은 '나이'에 맞게 해야 한다. 내 체력과 속도, 내 관심사와 방식에 맞는 여유로운 여행이어야 한다. 젊은 시절 여행의 키워드가 자유와 도전과 경험이라면, 60+의 키워드는 성찰, 재충전, 마음의 평화일 텐데, 이런 여행은 세상을 느긋하게 바라보아야 가능하다. 분주한 마음속에 떠다니는 부유물이 가라앉을 때까지 차분히 기다려야 가능하다. 그래야만 나 자신을 또렷하게 볼 수 있고 스스로를 더 깊게 이해할 수 있다.

그 과정을 거치면서 비로소 생각보다 괜찮은 나, 내 마음에 드는 나를 만나게 되는 것이다. 이 여정이 나를 조금 더 사랑하게 해주기를, 그래서 여행을 마치고 돌아올 때마다 이렇게 말할 수 있게 되기를 진심으로 바란다.

"난 내가 점점 마음에 들어."

60이 넘어서도, '이 나이'에 '아직도' 떠날 수 있다는 것, 그것만으로도 얼마나 고맙고 다행스러운 일인가. 어렵게 낸 시간이니 충분히 즐기고 누려야 마땅하다. 그러려면 우리의 여행 모토는 이거여야 한다.

'좀 더 느긋하게! 좀 더 마음 편하게! 좀 더 나답게!'

나 자신에게 주는 최고의 꿀팁이기도 하다.

슬기로운 여행: 따로 또 같이

"혼자 갈 것인가, 둘이 갈 것인가, 여럿이 갈 것인가?"

이것이 문제로다! 여행은 어디를 가느냐 만큼 누구와 가느냐가 중요하니 말이다. 내 경험으로 보면 젊을 땐 '혼자'가, 나이 들어가면서는 '같이'가 좀 더 좋은 것 같다.

내 40년 여행 중 앞의 30년은 주로 나 혼자, 뒤 10년은 남편과 둘이 다녔다. 혼자 하는 여행은 자유와 도전 그 자체였다. 가고 싶으면 가고 머물고 싶으면 머무는 여행으로 오로지 내 마음이 유일한 지도이자 내비게이터인 자유를 마음껏 누렸다. 모든 걸 혼자 계획하고 결정하며 궂은일이나 위험한 상황도 혼자 대처하면서, 판단력과 실행력이 단단해졌다.

앞으로 어떤 어려움도 헤쳐 나갈 수 있다는 자신감도 생겼다. 게다가 혼자 다니니 현지인이나 다른 여행자들과 쉽게 어울릴 수 있었고, 혼자 있는 시간이 많다 보니 생각이 깊어지고 기록도 꼼꼼히 남겼다. 무엇보다 나 홀로 여행을 통해 인생의 중요한 깨달음을 얻었다.

'내 인생의 선장은 나, 바다가 아무리 거칠어도 키는 내가 잡는다.'

함께하는 여행의 장점

'파트너와 하는 여행'은 이제 겨우 10년 차, 아직 햇병아리다. 둘이 하는 여행이 혼자 하는 여행에 비해 좋다, 나쁘다가 아니라 그냥 다르다. 여행 방식도 그렇지만 여행 목적에 둘만의 추억 쌓기가 큰 비중을 차지할 테니 더욱 그런 것 같다. 우선 짝꿍이랑 하는 여행의 장점부터 말해보겠다.

일단 마음이 편하다. 서로 챙겨줄 수 있어서다. 웃을지 모르지만, 나에게 가장 큰 장점은 화장실 갈 때 짐 봐줄 사람이 생겼다는 거다. 혼자 다닐 땐 앞뒤로 커다란 배낭을 메고 좁은 화장실에 끼여 옴짝달싹 못한 적이 한두 번이 아니었으니 이건 정말 온몸으로 느껴지는 장점이다.

장거리 이동, 특히 야간 버스 탈 때도 마음이 놓인다. 혼자면 모르는 이와 어깨를 맞댄 채 밤새도록 가야 하고, 상대가 남자일 때는 신경이 쓰여 선잠을 자야 했는데 얼마나 좋은지 모른다.

또한 훨씬 경제적이다. 비행기 값 외에 가장 큰 지출인 숙소가 반값, 상시로 50% 할인이다. 대부분 숙소는 1인 요금이 아니라 1실 요금이라 혼자 묵어도 둘 몫을 내야 해서 언제나 속이 쓰렸다. 택시도 반값이고 공항에서 터무니없이 비싼 커피는 큰 사이즈로 하나 사서 나눠 마실 수 있고 식사도 각각 다른 메뉴를 시켜 두 가지 다 맛볼 수 있어 좋다.

함께하면 서로의 부족한 점을 보완해주는 이점도 있다. 나는 길을 잃고 헤매기 일쑤였는데, 이제는 길눈 밝은 '인간 내비' 안톤을 따라가기만 하면 되니 세상 편하다. 친화력은 내가 더 좋으니 물어보거나 부탁할 때는 내가 나선다. 각종 온라인 예약 및 결제는 한 살이라도 어린 내가 하고, 현금 및 각종 영수증은 꼼꼼한 안톤이 챙긴다.

무엇보다 여행 후에 각자 일기장이나 블로그를 정리할

때 헷갈리는 부분을 물어볼 사람이 있어서 너무 좋다. 사진도 서로 찍어 줄 수 있고 치약이나 멀티탭 등 하나만 챙겨도 되는 물건 덕분에 짐도 많이 줄어든다.

뭐니 뭐니 해도 제일 좋은 건 같은 추억을 공유할 사람이 있다는 거다. 함께 본 풍경, 함께 들은 음악, 함께 먹은 음식, 함께 탄 기차, 거기서 만난 사람들까지…. 또한 억수로 운 좋은 날이나 일마다 꼬이던 날도 함께 겪으면 단단한 전우애가 생긴다. 어려움은 나누면 반이 되고 기쁨은 나누면 두 배가 된다는 말, 둘이 하는 여행에 딱 맞는 말이다. 이 함께한 모든 경험은 평생 써도 고갈되지 않는 보물창고가 된다.

"안톤, 그거 생각나? 이탈리아 돌로미티 트레킹하다 길 잃어버렸던 거?"

"당연히 기억하지. 해는 저물고 비는 오고 천둥 번개까지 요란하게 쳤잖아."

"그래, 맞아."

"그 길이 맞다고 우겼던 내가 당황하니까 비야가 웃으면서 그랬지? '비만 피할 수 있으면 바위 밑에서 밤새우는 거 괜찮아. 이런 적 여러 번 있었거든'이라고. 그 말이 얼마나 고마웠는지 몰라."

"바로 그 순간, 바람에 안개가 걷히더니 대피소가 나타났잖아?"

"그래 마치 신기루처럼. 처음엔 헛걸 본 줄 알았다니까."

"그 밤중에 비를 쫄딱 맞고 나타난 우릴 보고 눈이 휘둥그레진 젊은 부부 생각나? 그날 먹은 따끈한 옥수수 수프랑 마늘 파스타는 평생 잊을 수 없을 거야."

별것 아닌 이 이야기를 우리는 수없이 되풀이했다. 마치 동영상 재생하듯, 매번 똑같은 표정과 말, 감정과 감탄사로 말이다. 말할 때마다 처음인 것처럼 가슴을 쓸어내리며 감사의 성호까지 긋는다. 이 얘기, 앞으로도 수없이 할 거다. 해는 저무는데 갈 길이 멀 때, 산행 중에 천둥 번개가 칠 때, 어딘가에서 토마토소스와 마늘로만 만든 파스타를 먹을 때면 둘 중 하나가 이렇게 말할 게 뻔하니까.

"그거 생각나? 우리 돌로미티에서 길 잃어버렸던 거?"

좋은 관계의 비결은 '적절한 규칙'

세상 모든 일이 그렇듯이 단점이나 어려움도 있다. 커플 여행자들이 말하는 가장 큰 어려움은 크게 두 가지다. 첫째는 하루 종일 같이 있다 보니 예민해져 말투나 태도가 사사건건 거슬린다는 것이고, 둘째는 인터넷 검색과 예약 등 한 사람이 도맡게 되어 불만이 쌓이거나, 일이 잘못되었을 경우 서로를 탓하고 비난한다는 거다. 내게 이 두 가지를 방지할 수 있는 꿀팁이 있다. 여행 전, 신사협정을 맺는 것이다.

우선은 '철저한 업무 분장'이다. 안톤과 내 경우 우리가 처음 만난 아프가니스탄을 기준으로 여행지가 동쪽에 있으면 내가, 서쪽이면 안톤이 맡아 여행계획, 일정, 예산 등을 총괄한다. 여행 중 의견충돌이 생기면 그 구역 담당의 최종 결정을 따르는데 지금까지 잘 지켜지고 있다.

각각의 취향에 따른 사소한 마찰을 줄이기 위해 미리 몇 가지 규칙을 정하는 것도 크게 도움이 된다. 예를 들면 나는 앉는 자리에 매우 까다롭다. (인정!) 식당이라면 바깥이 보여야 하고 화장실이나 주방에선 멀어야 한다. 비행기는 복도 자리, 성당도 제대 앞 셋째 줄 안에는 앉아야 하는 등 한도 끝도 없다. 그래서 우리는 식당이든 어디든 내가 먼저 자리를 고른다. 그러나 그렇게 한 번 앉고 나면 더 좋은 자리가 나와도 옮기면 안 된다는 엄중한 규칙을 지킨다.

또한 숙소 체크인이나, 버스나 기차표 구매, 물건값 흥정 같은 일은 둘 중 한 사람이 전담하고, 다른 사람은 아무리 더 잘할 수 있어도 묻지 않는 한 절대로 끼어들지 않기로 했다. 도와준다고 끼어들면 두 사람의 목소리와 의견이 겹쳐, 상대가 누구 말을 들어야 할지 헷갈려서 상황만 더 복잡해지기 십상이기 때문이다. 처음에는 이 끼어들기 문제로 자주 티격태격했는데, 신사협정을 맺은 뒤로는 툭탁거리는 횟수가 현저히 줄어들었다.

두 번째 꿀팁은 금기어 목록 만들기다. 목록을 정하고 여행 중엔 그 단어를 입 밖에 내지 않기로 미리 약속하는 것이다. 이 꿀팁을 적용한 성공 사례는 얼마든지 있다.

평소에는 남편과 사이가 좋은데 여행만 가면 대판 싸운다는 친구 부부가 있었다. 곧 다른 부부와 함께 한 달짜리 남미여행을 갈 계획인데, 설레면서도 또 싸울까 봐 걱정이라는 이 친구에게 내 비법을 전수해주었다.

그 친구, 남미여행에서 돌아와 예쁜 기념품을 건네며 고마움 반, 원망 반의 목소리로 말했다.

"네 조언 덕분에 이번에는 한 번도 안 싸우고 잘 놀다 왔어. 금기어 목록 만들기, 왜 이제야 알려준 거야?"

이 부부가 여행 전, 서로에게 제시한 금기어는 세 가지다. 남편은 ① 시댁 식구들이 섭섭하게 했던 해묵은 얘기 시리즈 ② 최근 폭망한 펀드 ③ 유일한 취미인 음향기기와 음반 쇼핑 이야기. 반면에 친구는 ① 마음에 안 드는 며느리 흉보기 ② 외모 지적(얼굴 주름과 뱃살) ③ 폐차를 포함, 운전 부주의로 냈던 크고 작은 교통사고였다. 이 목록은 일단 꺼내면 무조건 싸우는 주제인데, 여행 중에 의식적으로 피하니까 진짜로 싸울 일이 없더란다. 내 묘책이 이 부부에게도 통한 걸 보니 나, 여행 전문가 맞는 것 같다!

참 잘 맞는 파트너, 절대 안 맞는 파트너

다행히 안톤과 나는 기본적으로 잘 맞는 여행 파트너다. 우선, 우리는 비슷한 장기 배낭여행 경험이 있다. 안톤도 20대에 당시 유럽 젊은이들 사이에서 유행하던 히피여행 경로를 따라 1년 남짓 네덜란드에서 시작해 육로로만 중동, 아시아를 거쳐 홍콩에서 비행기로 귀국했다. 둘 다 긴 여행을 끝내고 긴급구호와 국제개발협력에 투신하기로 마음먹은 것도 똑같다.

둘째 돈 쓰는 스타일이 비슷하다. 둘 다 최소 경비로 여행하는 배낭여행자 모드가 몸에 배어, 숙소나 식사나 교통수단에 허튼 돈을 쓰지 않는다. 게다가 우리에게는 여행이 일상이고 일상이 여행이기 때문에, 여행 중에 특별한 소비를 하지 않는다.

그래서 일상생활처럼 일주일에 한 번 정도 괜찮은 숙소에서 자고, 조금 좋은 식당에서 밥을 먹으면 그걸로 충분하다. 같은 이유로 치약 같은 생필품 외에 여행지에서 기념품이나 선물도 거의 사지 않는다.

여행 방식도 둘 다 여유 모드이자 액티비티 중심이라 잘 맞는다. 한 곳에 3일 이상 묵는 건 기본이고, 주요 도시에서는 일주일 남짓 머물면서 그 주위를 느긋하게 돌아보는 걸 선호한다. 체력도 얼추 비슷하고, 여행 중 자전거, 등산, 수영 기회를 절대 놓치지 않는 것도 같다.

물론 모든 게 다 맞는 건 아니다. 안톤은 사진을 찍는 것도, 찍히는 것도 좋아하지 않는다. 특히 셀카는 몹시 쑥스럽고 어색해한다. 그래서 둘이 찍은 사진이 별로 없다. (치명적으로 아쉽고 속상하다!) 또한 밤에 다니는 걸 꺼려, 아무리 멋진 곳이라도 밤 풍경은 포기해야 한다.(야맹증도 아니면서 도대체 왜, 왜 왜? 그러나 종국에는 번번이 성격 좋은 내가 양보한다!) 세계적으로 이름난 맛집이라도 줄 서서 기다렸다가는 먹지 않는다. (절대로다! 난 맛있는 거 먹고 싶은데….)

그뿐인가, 나는 여행 중 가끔 영화관에 들러 현지 영화나 최신 히트작을 보고 싶은데 안톤은 영화보다 책 읽는 걸 더 좋아한다. (이그, 속 터져! 책은 집에서 실컷 보면 안 되나?) 나는 일몰이나 경치 감상을 즐기는데, 안톤은 경치보다 사람 구경하고 이야기 나누는 걸 훨씬 좋아한다. (사람은 네덜란드나 한국에도 많잖아?) 이런 차이 때문에 처음에는 수없이 부딪치고 자주 폭발했는데(주로 나다!), 이제는 크게 싸우지 않고 넘어가는 법을 터득했다.

방법은 간단하다. 따로 다니면 된다! 그래서 2주일이 넘는 여행 중에는 일주일에 한 번 정도 하루 중 3~4시간, 혹은 한 달에 한 번이나 두 번 정도 하루 종일 따로 다니는 날이 있는데, 이게 효과 만점이다.

예를 들면 라오스 여행 중에 나는 배를 타고 나가 강 위에서 메콩강 일몰을 한 번 더 보고 싶었고, 안톤은 시장 안 커피숍에서 사람 구경을 하거나 책을 읽고 싶어 했다. 그래서 다음 날 우리는 하루 종일 따로 다니며 각자 자기 하고 싶은 일을 했다. 그러다가 밤에 만나니까 새삼 반갑고 그날 서로가 경험한 이야기를 보고하듯 나누는 재미도 쏠쏠했다.

혼자든, 둘이든, 여럿이든 여행의 본질은 같다. 익숙한 일상에서 벗어나 낯선 세상 속으로 들어가 즐겁고 흥미로운 시간을 보내는 것, 그 시간 속에서 내가 뭘 원하는 지 알게 되고 진짜 나를 만나는 것, 그렇게 마주한 나를 다독이고 재충전하는 것, 그래서 내가 나를 더 좋아하게 되는 데 있으니까.

이것만 잘 챙겨올 수 있다면 혼자여도, 함께여도 상관없다고 생각한다.

하지만 그걸 기대하고 떠났는데 정작 이걸 챙기기가 어렵다면? 그럴 땐 눈 딱 감고, 과감하게 '따로 또 같이' 다니길 권한다. 필요하면 여정 중 일정 기간을 완전히 '따로따로' 지내도 좋다. 다툰 후에 홧김이 아니라 서로를 위한 성숙하고 합리적인 결정이라면 그게 바로 관계를 지키는 가장 지혜로운 방법이라고 생각한다.

'따로 또 같이' 효과

스페인 산티아고 순례길에서도 이런 일행을 많이 봤다. 몇 년을 벼르고 온 친구, 엄마와 딸, 아버지와 아들, 부부나 연인 등 온갖 조합의 동행이 걷기 시작한 지 며칠 만에 사사건건 티격태격하다가 결국 따로 걷기로 하는 경우 말이다.

우리와 마지막 일주일을 함께 걸었던 다혈질인 '불꽃 남자' 30대 이탈리아 남자 마르코도 그랬다. 비슷한 기질의 여자 친구와 순례를 시작하자마자 거의 매일 알베르게(기숙사형 숙소)가 떠나가도록 심하게 다투다가, 결국 열흘 만에 따로 걷기로 했단다.

다행히 홧김에 내린 결정이 아니었다. 그날도 저녁에 크게 한판 붙어 물건까지 집어던지며 싸웠단다. 결국 마르코가 "더 이상 너랑 같이 못 다니겠어. 따로 걸어, 아니 헤어져!"라고 폭탄선언을 하고는 숙소 문을 박차고 나갔다. 평소 같으면 불같은 여자 친구도 뒤통수에 대고 뾰족한 말을 퍼부었을텐데, 그날은 잠잠해서 뒤까지 돌아봤단다. 한참을 바깥에서 씩씩거리고 있는데 여자 친구가 조용히 다가와 앉으며 마르코의 눈을 보면서 이렇게 말했다.

"그래, 마르코. 우리 내일부터 따로 걷자. 지금으로선 그게 최선인 것 같아. 각자 걸으면서 산티아고 순례길도 완주하고, 우리 관계도 진지하게 생각해 보자. 이렇게 싸우고 나서 헤어지기엔 같이했던 세월이 너무 아깝잖아, 안 그래?"

그러고는 종착지인 대성당 앞에서 다시 만나기로 했단다. 평소와는 다른 그녀의 차분한 태도에 마르코의 화가 서서히 누그러졌고 미안한 마음이 밀려와 자기가 한 말을 모두 주워 담고 취소하고 싶을 정도였다고 한다.

대성당에 도착한 날, 이들이 30일 만에 만나는 장면을 목격했다. 두 사람은 반가움에 눈물을 흘리며 오랫동안 포옹을 풀지 못했다. 어찌나 감동적이던지 나까지 눈물이 핑 돌 정도였다.

완주 축하 저녁을 넷이서 함께 먹을 때도 두 연인은 손을 꼭 잡고 서로의 눈을 뚫어지게 바라보았다. 꿀이 뚝뚝 떨어지는 모습을 보다 못한 내가 놀렸다.

"마르코, 그렇게 좋은데 왜 따로 걸었어요?"

그가 여자 친구에게 눈길을 떼지 않으며 말했다.

"따로 걸으면서 깨달았어요. 내가 소피아를 얼마나 사랑하는지. 만약 매일 싸우면서도 같이 걸었으면 우리 관계는 지금쯤 박살이 났을 거예요. 그때 그렇게 차분한 결정을 해서 얼마나 다행인지 몰라요."

내 '따로 또 같이' 꿀팁의 효과가 완벽하게 입증되는 순간이었다.

4장

그때도 좋았지만
지금도 좋아!

한비야의
은퇴학교

"몇 학년 몇 반이세요?"

예전엔 나이를 알고 싶으면 에둘러서 "무슨 띠세요?" 혹은 "몇 학번이세요?"라고 했는데, 요즘은 이렇게 묻기도 한다. 대답하자면 나는 1958년 개띠니까 올해 6학년 7반이다. 나는 학년으로 나이를 밝히는 게 편하고 좋다. 왠지 다시 학생이 된 듯해서 그럴 거다.

요즘은 동서양을 막론하고 인생 주기를 새롭게 나누는 추세다. 관련 학자들은 60세부터 80세까지를 인생의 황금기로 본다. 105세의 철학자 김형석 님도 "65세에서 75세까지 가장 좋았다"고 회고하셨다.

한때 신문과 SNS에서 일제히 유엔이 연령대를 새로 분류했다는 기사가 돌았다. 0~17세 미성년, 18~65세 청년, 66~79세 중년, 80~99세 노년, 100세 이상은 장수 노인이라는 내용이었다. 오보로 밝혀졌지만, 묘하게(!) 설득력이 있지 않은가?

2023년 1월 1일, 나도 '오보 기준' 중년, '김형석 님 기준'으로는 인생의 황금기에 들어섰다. 그날 저녁에 일기를 쓰면서 기막힌 아이디어가 떠올랐다.

"황금기 그룹의 새 멤버가 된 기념으로 학교를 만들어보자. 20년 전에는 전 세계를 위한 세계시민학교를 세웠으니, 이제는 나만을 위한 학교!"

이름하여 한비야의 은퇴학교! 거창하게 들리지만 건물도 없는 온라인 1인 학교다. 내가 설립자고 교장이고 교사이며 학생이자 학부모다. 그러나 명색이 학교인 만큼 배우고 익히고 실천하는 곳이고, 설립 목적이자 교훈은 "즐겁게 배우고, 옴팡지게 써먹자"다.

학교 커리큘럼은 철저히 개인 맞춤형. 배우고 싶은 과목을, 가능한 시간에 하면 된다. 개설 과목은 네 가지로 사회(세계사), 종교(성경 공부), 외국어(스페인어), 체육(등산과 자전거 타기)이다. 매일 하는 것도 있고 주 1회만 하는 것도 있지만 규칙은 단 하나, 모든 과목은 일주일에 한 번 이상, 1년 이상 꾸준히 하기다.

그 나이에 무슨 공부를 그렇게 빡세게 하냐고? 무슨 소리! 나같이 공부가 취미이자 특기인 사람들에게 이 정도는 그리 놀랄 일도 버거운 일도 아니다. 그리고 그 나이라니, 무슨 나이 말인가? 7, 8학년도 아니고 이제 겨우 은퇴학교 막내 6학년인데. 이 나이라면 새로운 것은 물론, 중도 포기해서 미련이 남았던 걸 다시 도전하기에 딱 좋은 때 아닌가? 게다가 이 과목들은 매우 유동적이다. 필요하면 바꾸고, 마음에 안 들면 과감히 폐지할 수도 있다. 이렇게 융통성 있는 커리큘럼인데 뭘 망설이는가. (급교장모드! 하하하!)

그럼에도 불구하고 내가 목표와 원칙을 세워두는 데에는 중요한 이유가 있다. 세상의 유행이나 남의 시선에 휘둘리고 싶지 않아서다. 내 안에 뚜렷한 기준이 있으면 확실히 덜 흔들린다. 설령 흔들리더라도 뿌리째 뽑히지는 않는다. 상황에 따라 조정은 해도 기준점만큼은 반드시 내 안에 있어야 한다.

피아노곡도 주제가 있어야 변주가 가능하고, 커피도 에스프레소가 있어야 아메리카노나 카페라테를 만들고, 색상도 삼원색이 있어야 세상의 모든 색이 빚어지지 않는가? 내게 목표와 원칙이란 바로 주제이자 에스프레소이자 삼원색이다.

나만을 위한 맞춤 커리큘럼!

2023년 1월, 한비야의 은퇴학교가 활짝 문을 열었다. 그리고 유일한 신입생이 입학했다. (바로 나다!) 개교에 맞춰 교장이자 교사이자 학생인 나는, 나만의 목표와 기준에 최적화한 커리큘럼을 직접 짜 넣었다.

은퇴학교는 4학년제로, 한 학년을 5년 단위로 정하니 아귀가 딱 맞아떨어졌다. 1학년 (65~69세), 2학년(70~74세), 3학년(75~79세), 4학년(80+)으로 나누고, 각 학년은 그 시기의 신체, 금전, 사회, 정서 상태에 따라 탄력적으로 조정할 예정이다.

우선, 우리 학교 유일한 학생의 1학년 과정을 '계속 과목' 네 가지와 '신설 과목' 두 가지로 나누어 보았다. 계속 과목은 은퇴 전부터 이어온 공부이자 졸업까지 함께 갈 인생 교과목들이고, 신설 과목은 그동안 아쉽게 중도 하차했던 것을 다시 도전해보는 과목이다. 이제 그 여섯 과목 이야기를 하나씩 풀어보려 한다.

계속 과목 네 가지는 다음과 같다.

첫째 과목: 세계사

세계사와 세계지리는 아주 오래된 내 최애 과목이다. 취미이자 개인기이기도 하다. 자랑을 하자면, 중·고등학교 시절부터 세계사 시험 문제를 틀린 적이 거의 없다. 비법은 간단하다. 동시대의 한 지역과 다른 지역을 비교하며 공부하는 거다.

서양의 로마 시대를 다룰 때는 중국의 한나라와 한국의 삼국시대를 나란히 살펴보는 식인데, 이렇게 하면 입체적으로 이해돼서 절대 헷갈리지 않는다. 여기에 세계지도를 곁들이면 이해력에 덧붙여 연결하는 능력까지 생긴다. 또한 시대사, 지역사를 배경으로 커피, 기차, 튤립 등 특정 사물을 통해 역사를 꿰어보는 것도 나만의 공부법이다.

예전엔 역사책 사대느라 엄청 돈을 썼지만, 요즘은 세계사 덕후들이 만든 유튜브를 통해서 공짜로 배운다. 뛰어난 실력과 입담으로 좋은 영상을 만드는 역사 유튜버들이 고마울 따름이다. 저녁에 실내 자전거를 타며 이런 영상을 보면 30~40분이 어떻게 가는 줄 모른다. 운동과 공부를 동시에 하니, 효율 끝판왕의 조합이다. 아무튼 나는 세계사의 매력에서 빠져나올 생각이 전혀 없다. 역사책 사느라고 가산을 탕진하더라도 말이다.

둘째 과목은 스페인어인데 이건 앞에서 자세히 다루었으니 여기선 생략한다.

셋째 과목: 성경 1년에 일독하기

'미션스쿨' 고등학교를 다닐 때, 전교생이 방학 중에 신약성경 일부를 외워 개학 후에 반별, 학년별로 성경 암송대회에 나가는 연중행사가 있었다.

입학 후 첫 방학에 외울 부분을 고르려다 얼떨결에 신약성경을 끝까지 읽게 되었다. 우쭐해져서 빼기고 다녔는데, 우리 반에 구약과 신약 성경 전권을 읽은 아이가 있다는 걸 알고 깜짝 놀랐다. 그것도 해마다!

"시작만 하면 생각보다 안 힘들어. 재미도 있고."

이렇게 말하는 게 신기하고 부러웠다. 그 덕분에 '언젠가 성경 일독'이라는 인생 목표가 생겼다. 명색이 크리스천인데 이건 해야지, 싶었다. 이 목표는 번번이 하다 말다를 반복하다가 한참 후인 30대에 가까스로 달성했다. 두 번째 일독은 약간 강제성을 띤 '성경 읽기 모임' 덕에 가능했다. 하루 분량 4장, 하루 15~20분 정도 꾸준히 읽어야 했는데, 별로 긴 시간도, 분량도 아니었지만 매일 해야 하는 게 쉽지 않아 솔직히 죽을 뻔했다.

그때는 오로지 완독에만 집중하느라 출애굽기처럼 드라마틱한 부분엔 몰입했지만, 족보 등이 나오면 대충 읽었다. 그럼에도 성경 일독 자체를 놓지는 않았다. (지금 생각하니 참 기특하다.) 40대, 한창 해외 구호 현장에서 일할 때는 일독하는 데 3년 이상 걸리기도 했지만, 그 후에 성경 앱 덕분에 휴대폰으로 읽으면서 좀 더 빠르게 일독을 달성할 수 있었다. 그렇게 50대까지 띄엄띄엄, 어영부영, 얼렁뚱땅하면서도 총

일곱 번이나 통독했다.

60대 들어선 지금은? 놀랍게도 지난 7년간, 해마다 일독 성공이다. 그것도 인터넷 성경 강의와 참고서까지 곁들이면서 말이다. 이건 전적으로 안성맞춤 러닝메이트, 안톤 덕이다. 결혼 전, 자랑 삼아(!) 성경 일 년 일독 얘기를 했더니, 자기도 수십 년째 해온다며 함께하자고 한 거다. 이게 웬 떡이냐? 더 이상 '살짝 강제성 있는 성경 모임'을 찾아 헤매지 않아도 된 거다. 앞으로도 매년 성공 예감이다!

넷째 과목: 자전거 타기

이건 '6학년'이 된 뒤 늦게 시작한 운동인데, 어느덧 등산과 함께 내 자연 친화적 운동의 쌍두마차가 되었다. 어릴 때 어른 자전거로 억지로 배우고는 잊고 살았는데 이게 50년 후에 이토록 요긴하게 쓰일 줄이야. 그러니 어렸을 때 억지로라도 배워두어야 하는 게 있는 거다!

네덜란드에서는 자전거 없는 일상생활은 상상할 수 없다. 아이들은 걷기와 동시에 자전거를 배우고, 초·중·고 학생들은 대부분 자전거로 통학한다. 왕위 계승 1, 2, 3순위 세 공주님도 예외가 아니다. 어른들도 자전거로 출퇴근하거나

장 보러 간다.

나 역시 네덜란드에 가면 거의 매일 자전거로 숲길을 달린다. 한나절로는 성에 안 차서 1박 2일 혹은 2박 3일로 벨기에나 남부 독일 모젤 강변을 따라 입에서 단내가 날 때까지 타고 오기도 한다. 네덜란드에 가면 한국 산이 그립듯이, 한국에선 네덜란드 자전거 길이 그립다.

그런데 아는가? 한국에도 전 세계가 부러워하는 자전거 길이 있다. 서울부터 부산까지 국토종주길, 4대강(한강에서 낙동강까지) 길, 제주도 환상 길, 새재 길 그리고 내가 사랑하는 북한강 길….

안톤과 나는 1년에 두 번쯤 일요일에 자전거를 기차에 싣고 춘천으로 간다. 춘천에서 닭갈비와 막국수를 먹고 소양호를 한 바퀴 돈 뒤, 북한강을 따라 천천히 내려오다 중간에 하루 묵고는 월요일의 텅 빈 자전거 길을 따라 서울까지 온다. 할 때마다 경치, 먹거리, 운동량, 이 3종 세트는 A+++ 대만족이다!

그래서 이걸 계속 과목으로 지정하고, 한국과 유럽의 멋진 자전거 길을 부지런히 다닐 예정이다. 자전거는 무릎에 부담이 적어 은퇴학교 때까지도 무난히 할 수 있다. 네덜란드에서는 80대는 물론 90대도 전동 자전거로 부부나 친구끼리 여유롭게 라이딩을 즐긴다. 이들이 말끝마다 후렴처럼 하는 말이 있다.

"나는 내 자전거 타고 내 무덤으로 들어갈 거야."

나도 그렇게 하고 싶다.

신설 첫째 과목: 악기 배우기

계속 과목과 더불어 신설 과목도 두 과목 있다. 앞서 말한 것처럼, 신설 과목이라고 완전히 새로운 것을 배우는 건 아니다. 은퇴학교답게, 예전에 여러 번 시도했으나 번번이 중도 포기했던 일에 다시 한번 도전해 보는 거다. 그래서 신설 과목의 수업 목표는 '학습 장애 극복'이다.

나는 악기 학습 장애가 있다. 30세 전에는 시간만 있으면 산으로 들로 다니느라 관심조차 없었다. 그러다 클래식 음악을 제대로 즐기려면 악기를 배워보라는 말을 듣고 통 큰 결심을 했다. 인생 첫 악기인 피아노 도전! 그러나 바이엘 2권인가 하고는 그만두었다. 도무지 늘지 않아서 피아노 앞에만 앉으면 재미는커녕 잔뜩 주눅이 들어서다. 이게 내 악기 학습 장애의 서곡이었다.

한때는 단소를 제법 불어서 국악단과 협연을 꿈꾸기도 했지만, 어느 날부터 오래 불면 골이 흔들리고 혈압까지 올라서 중단했다. 단소 대신 시작한 가야금도 손톱이 빠지면서 그만두었고, 생활 악기로 많이들 연주하는 하모니카, 리코더, 오카리나까지도 모조리 도중 하차. 그 결과, 이 나이에 다룰 줄 아는 악기 하나 없이 악기 기피증까지 생겼다. '악기와 나랑은 원래 안 맞아' 하면서.

이런 '악기 흑역사'를 가진 나에게 은퇴학교가 한 번 더 기회를 주기로 했다. 안톤이 아코디언을 연주하니, 그것과 듀엣으로 어울리는 악기를 배우기로 한 것이다. 이번 악기 선택 조건은 간단하다. 배우기 쉽고, 들고 다니기 편할 것! 지금까지 물망에 오른 악기는 우쿨렐레, 만돌린, 멜로디언이다.

무엇을 선택하든, 한국 동요나 민요 포함해 20여 곡 정도 연주하는 게 1차 목표다. 그 정도면 아쉬운 대로 세계 어디서든 솔로 및 듀엣 연주하면서 재밌게 놀 수 있을 것 같다. 그러니, 다시 한번 도전!

이번에도 실패하면 '학습 장애 인증'이고, 성공하면 '극복 인증'이니 이래도 좋고 저래도 좋은 꽃놀이패다. 목표 달성을 대비해서 듀엣 밴드 이름도 이미 지어놓았다. 안톤과 비야의 Twilight Zone(해질 무렵)! 은퇴학교 재학생다운 감성 아닌가?

신설 둘째 과목: 수영

이것도 오래된 난제다. 어릴 적 독학으로 익힌 '막수영'은 나가기는 잘 나가는데 자세가 엉망이라, 멀리서 보면 꼭 물에 빠져 허우적대는 사람 같다. 보는 사람마다 놀라서 수영장이건 강이나, 바다건 물에 들어가야 할 상황이 오면 괜스레 쭈뼛쭈뼛 소심해진다. 그런 내가 싫어서, 수십 년간 수차례 수영 강습을 받았지만 늘 제자리걸음이었다.

강사들은 '뼛속까지 밴 나쁜 자세' 때문이라지만, 사실 문제는 따로 있다. 나는 실내 수영장의 그 독특한 냄새와 축축한 공기가 질색이다. 그러니 자체 연습은커녕, 조그만 핑계만 생겨도 레슨을 건너뛰기 일쑤였으니 진전이 있을 리가 만무했다. 하지만 이제는 끝내고 싶다. 내 인생의 화양연화에, 언제까지 수건만 들고 물 밖을 맴돌 것인가!

그래서 수영도 사려 깊은 은퇴학교에서 마지막 기회를 주기로 했다. 어떻게? 내년 상반기에 국대 출신 노련한 강사에게 20회 정도 1:1 레슨을 받을 예정이다. 이미 강사를 찾아 레슨 시간까지 맞춰놓았다. 좀 비싼 듯하지만 지금 잘 배우면 앞으로 20년은 써먹을 수 있으니 기꺼이 지갑을 열기로 했다.

강사는 나 같은 사람 많이 가르쳐봤다며 걱정 말라지만, 예전 강사들도 처음에는 똑같은 말을 했었다. 아무튼 이제 더 이상 미룰 수 없다. 이번에 제대로 배워 '물속의 여자'가 되느냐, 이번에도 못 배워서 영영 '물 밖의 여자'로 남느냐!

이번에는 꼭 성공하고 싶다. (주먹 불끈.) 상황이 이렇게 절실하니 전처럼 핑계를 대거나 꾀를 부리지는 않겠지. 수영은 자전거처럼 나이 들어서도 계속할 수 있는 몇 안 되는 전신운동이라니 더욱 그렇다. '허우적 비야', 이번엔 부디 졸업하기를!

이렇게 은퇴학교 과목을 일목요연하게 정리하고 나니 머릿속도 깔끔해졌다. 이제는 이 큰 틀 안에서 그때의 체력과 형편과 마음 상태에 따라 세부사항을 더하고 빼기만 하면 된다.

다시 한번 강조하지만, 이 학교는 오로지 나 한 사람만을 위한 학교다. 조언은 환영할지라도 누구의 간섭이나 평가를 받을 필요가 없다. 시험도 성적표도 없는 학교, 해야 해서가 아니라 하고 싶은 것을 하고 싶은 만큼만 하는 공부! 이래서 모두들 65세에서 75세까지가 인생의 황금기라고 하는가 보다.

'6학년 7반, 참 좋은 나이, 오늘도 즐겁게 학교에 간다.'

오가는 인연에 연연하지 않는 '인연 열차론'

　장기 여행을 하다 보면 온갖 이동 수단을 타게 된다. 걷는 것은 기본이고 비행기, 버스, 기차, 오토바이, 자전거, 마차, 배는 물론 당나귀와 낙타 등에 탄 적도 있다. 이 모든 것 중 내가 가장 선호하는 건 단연 기차다. 선택지에 기차가 있으면 조금 비싸거나 시간이 더 걸려도 거의 예외 없이 기차를 고른다.

　지금까지 내가 탄 기차의 거리를 모두 합치면 '지구 세 바퀴 반'은 족히 되지 않을까 싶다. 가장 기억에 남는 기차여행은 세계 일주를 마치고 귀국길에 탄 시베리아 횡단 열차다.

모스크바에서 블라디보스토크까지 총 길이 9,229km, 세계에서 가장 긴 철도이자 여행자들의 로망. 나는 그중 모스크바에서 울란바토르를 거쳐 베이징까지 7박 8일 구간을 달렸다.

한겨울이었는데 시베리아 벌판의 풍경이 지금도 생생하다. 창밖에는 끝없는 설원과 얼어붙은 강과 잿빛 하늘이 이어지고, 희고 가느다란 기둥 같은 자작나무 숲은 나타났다 사라지기를 반복했다. 눈보라는 철로를 삼킬 듯 휘몰아쳤고 그 속에서 오직 기차만이 살아 있음을 증명하는 붉은 심장처럼 힘차게 달렸다.

시베리아 횡단 철도처럼 긴 여정의 기차는 좌석 등급에 따라 4~6명이 2~3층 침대가 있는 한 칸을 쓴다. 낮에는 아래층에 앉아 함께 먹고 얘기하고 책 보고 일기를 쓰다가 (요즘에는 주로 휴대폰을 보겠지?) 지루해지면 침대로 올라가 잠을 청한다.

하지만 종착역까지 같은 사람들과 가는 경우는 드물다. 중간에서 승객들이 타고 내리면서 끊임없이 멤버가 바뀐다. 마음 맞던 사람이 내리면 섭섭하고, 거슬리던 사람이 내리면 속이 시원하다. 새 사람이 타면 다시 돌아가며 자기소개를 하고 간식을 나누며 금세 동행이 된다. 그러다가 다음 역에서 또 누군가는 내리고, 또 다른 누군가가 그 자리에 앉는다.

10여 년 전, 중국 베이징에서 쿤밍까지 33시간 달리는 열차 안에서 이런 장면을 보다가 문득 깨달았다.

"아하, 내 인생 열차도 이와 같구나!"

그 자리에서 일기장을 꺼내 머릿속이 '불러주는 대로' 받아 적은 생각이 바로 '인연 열차론'이다.

그때의 긴 일기장 내용을 요약하면 이렇다.

'인생은 열차와 같고 나는 내 인생 열차의 기관장이다. 내 열차는 내 시간표에 따라 나의 길을 간다. 내 열차에 타는 사람들은 각자의 기차표에 적힌 출발지에서 타고 도착지에서 내린다. 부모, 형제, 배우자도 언젠가는 내린다. 종착역에서는 기관장인 나도 내려야 한다. 그러니 누가 타든 반갑게 맞고, 내릴 때가 되면 조용히 보내야 한다. 길든 짧든 내 열차에 올랐던 것만으로도 귀한 인연이니, 그들을 한 명 한 명 소중히 대해야 한다.'

한비야 열차에 타신 여러분을 환영합니다!

50대 후반에 쓴 글이지만 지금 읽어도 고개가 끄덕여진다.

그때나 지금이나 내 인생 열차의 기관장은 나고, 내 열차에 관한 모든 권한과 책임은 오롯이 나에게 있다고 믿는다. 물론 태어나서 어느 정도 자랄 때까지는 부모님이 대신 운전해 주셨다. 나와 같은 칸에는 형제자매와 친척들이 있었고, 다른 칸에 누가 타고 내리는지 알 필요가 없었다. 내 세상은 그 칸이 전부였으므로!

질풍노도 사춘기를 거치고 성인이 되어서야 비로소 내가 운전대를 잡았다. 서투르게, 아슬아슬하게, 조마조마해하며 운전을 시작하던 그때부터 내 열차에는 내 승객들이 타기 시작한다. 학교 친구, 산 친구, 성당 친구, 직장 동료, 각종 모임 선후배…. 내 열차 모든 칸의 문을 활짝 열어놓았다. 다양한 사람이 많이 타면 탈수록 신나고 좋았다.

"어서 오세요, 얼른 타세요, 모두모두 두 팔 벌려 환영합니다."

아는 사람들이 늘어가는 게 신났고, 새로운 사람들과 만

나는 게 즐거웠다. 내 열차는 언제나 장터처럼 북적이며 활기찼다. 실제 내 발 크기는 222mm, 아주 '작은 발'인데도 사람들은 나를 '왕발'이라고 불렀다. "도대체 모르는 사람이 없네요?"라는 말을 들으면 부러움과 칭찬으로 여겼다.

승객들은 각각의 방식으로 내 열차에 머물렀다. 어떤 이는 첫 칸에 타서 계속 같은 자리에 있고, 어떤 이는 맨 뒤 칸에 매달리듯 머물렀다. 누군가는 뒤 칸으로 타서 서서히 앞으로 옮겨 내 옆자리까지 오기도 했고, 또 누군가는 종착역까지 함께할 줄 알았는데 어느 틈에 조용히 사라지기도 했다.

그 시절엔 아무리 많은 사람들이 새로 타도 한 명이라도 내리면 신경 쓰였다. 특히 가깝다고 생각했던 사람이 별 말 없이 갑자기 내리면 몹시 당황스러웠다. "어, 왜 내리지?" 섭섭하고 속상했다. "내릴 것까지 뭐 있담?" 원망스럽기도 했고, "내가 뭘 잘못했나?"라는 자책감도 들었다.

그런데 언제부턴가 이 '인연 열차론'을 떠올리며 마음을 편히 먹게 되었다. 그들은 단지 자기 기차표에 적힌 역에서 내리는 것뿐이다. 봄에 핀 꽃이 여름에 지는 게 누구의 잘못이 아니듯, 인연도 제철이 있다. 그들과의 인연은 여기까지라서 내리는 것이니, 붙잡거나 애면글면할 필요도 소용도 없다. 가끔 '좀 더 잘해줄 걸' 후회가 남기도 하지만, 그 또한 어쩌겠는가? 이미 내린 사람보다 지금 함께하는 승객들에게 좀 더 잘하는 수밖에.

요즘은 한술 더 떠서 웬만하면 새로운 승객을 태우려 하지도 않는다. 예전에는 열차를 빈틈없이 꽉 채우는 게 목표이자 즐거움이었지만, 이제는 빈자리가 있어도 굳이 채울 생각이 없다.

지금은 얼마나 많은 사람과 가느냐보다, 마음 맞는 소수와 맘 편히, 얼마나 즐겁게 가느냐가 훨씬 중요해졌기 때문이다. 오랜만에 연락하거나 만나도 어제 본 것처럼 편한 사람들, 이런 인연에 시간과 마음을 다하며 종착역까지 가고 싶다.

그래서일까. 60이 넘으면 '인연 다이어트'가 필요하다는 말이 와 닿는다. 온라인, 오프라인 모두 포함해서다. 결혼식, 장례식, 명절 때만 연락하는 '의무감만 남은 인맥'이 우선 대상이다. 카톡 생일 알림에 형식적으로 남기는 축하 메시지 등의 억지 인맥도 놓아줄 때가 되었다. 다행히 나는 카톡 외에는 SNS를 하지 않아 온라인 인연 다이어트는 수월하다.

오프라인 모임도 다이어트 중이다. 동창회나 동문회엔

회비만 내고 행사엔 거의 나가지 않는다. 요즘은 아예 열 명 넘는 사람들이 모이는 자리에는 가고 싶지가 않다. 대화가 산만하고 앉는 자리에 따라 한 마디도 나누지 못하는 사람이 있기 마련이기 때문이다.

나의 붙박이 단체 승객들

이렇게 인간관계가 점점 까다로워지는 내게도 '붙박이 단체 승객' 모임이 5개나 있다. 생각만 해도 마음이 든든하고 입가에 미소가 번진다. 제일 오래된 모임은 응암동 성당 청년회 '매바위'. 농부, 사업가, 교수, 신부, 수녀가 된 아홉 명의 동기들이 45년째 진하고도 따뜻한 우정을 이어오고 있다.

'왕언니 군단'과 'BB4'는 소중한 등산 친구들이다. '왕언니 군단'은 올해 92세인 왕언니를 중심으로 거의 매일 산에 가는 일곱 명 산쟁이들의 모임이고, 'BB4'는 비야와 백두대간을 종주한 네 명의 약자다. 종주 후에는 '야영 100번 팀'으로 개명하고, 야영 100번을 채우기 위해 전국의 산과 섬을 누비고 있다.

'한강회'는 국제구호개발 분야에서 만난 정부, NGO 학계 출신이 모인 15명 안팎의 모임이다. 20년을 함께한 자랑스러운 동지이자 유쾌한 벗들인데, 일하면서 이런 고품질 인간들을 무더기로 만난 건 엄청난 복이 아닐 수 없다.

마지막으로 '삭신회'는 2009년 미국 보스턴 유학 시절 알게 된 신부님 두 명과 여자 평신도 세 명의 모임이다. 각자 힘든 시기를 넘고 있을 때 함께 기뻐하고 슬퍼하며 뜨겁게 기도해주던 기막힌 인연이다. 원래 이름은 의리의 상징 '보스턴 마피아'였는데 귀국 후, 나랑 산에 다니느라 삭신이 쑤신다 하여 '삭신회'로 격하(!)되었다.

내 열차에 이들이 붙박이로 타고 있다는 사실만으로도 안심이 되고 어깨가 으쓱하다. 이들은 100% 확실하게 종착역까지 같이 갈 사람들이다. 오래전에 기관장 권한으로 '절대 하차 금지'시켜 놓았으니까. 하하하!

오늘도 내 인연 열차는 달린다. 가족, 가족만큼 가까운 친구들, 은인들, 끊임없이 바뀌는 승객들과 붙박이 승객과 함께. 중간에 자기 하차역에서 내리는 사람들의 가는 길을 축복하며, 남은 이들과는 따뜻하게 종착역까지 가고 싶다.

그러다 드디어 종착역에 도착하면, 기관장인 나 역시 임무를 다했다는 안도의 미소를 지으며 내릴 것이다. 그때가 오면 모자를 벗고 깊이 허리 숙여 이렇게 인사하고 싶다.

"그동안 즐거웠습니다. 이제는 안녕!"

맘 편하게 살기 위한 네 가지 만트라

그럴 수도 있지!
다 거기서 거기야!
이런 날도 있는 거지 뭐!
그러거나 말거나!

요즘 내 말끝마다 후렴처럼 따라붙는 네 가지 말이다. 60+ 들어서며 내 삶의 키워드는 '맘 편히 살자'인데, 이 네 가지 중 하나를 되뇌면 어떤 상황이든 즉시 마음이 가벼워지고 편해진다. 나만의 만트라인 셈이다.

'만트라Mantra'는 산스크리트어로 '마음을 다스리는 도구'라는 뜻이다. 주문呪文으로 번역되는데, 힌두교의 '옴Om'처럼 영적·종교적 맥락에서 쓰이는 경우가 많다. 그러나 내가 만든 이 네 가지 만트라는 그런 심오한 의미와는 거리가 멀다. 단지 자기 암시를 통해 마음을 다독이는, 지극히 개인적인 심리 도구다.

여러 연구에 따르면, 어떤 말을 단순히 반복하는 것만으로도 자율신경이 안정되고 스트레스 호르몬이 줄어든단다. 뇌의 전전두엽이 활성화되면서 정서적 안정과 집중력 향상에도 도움이 된다고 한다.

나는 10대 때부터 일찌감치 소위 '만트라 요법'을 사용해 왔다. 일기장 맨 앞장, 책상 위 포스트잇, 달력의 빈칸마다 늘 이런 말을 적어두면서 말이다.

넌 할 수 있어!
눈 딱 감고 한 발짝만 더!
여기서 그만두면 내가 아니지!
버텨! 어금니 꽉 깨물고, 아랫배에 힘주고!

써놓고 보니 좀 짠하다. 그 시절의 만트라는 나를 격려하고 응원하기보다는 가혹하게 다그치고 몰아붙이는 말이었구나. 천길 벼랑 끝에서 등을 떠미는 느낌이다. 하지만 인정한다. 그때의 나에게는 이런 채찍 같은 만트라가 필요했고, 그 덕을 톡톡히 보았다. (그때를 잘 견디고 버틴 30, 40대의 나에게 뜨거운 박수를 보낸다!)

다행히, 정말 다행히도 지금의 만트라는 완전히 달라졌다. 50대까지는 남보다 더 멀리, 더 높이 가는 것이 목적이었다면, 요즘은 마음을 평안하게 다스리기 위한 만트라를 쓴다. 예전의 만트라가 경쟁의 도구였다면 지금은 평화의 도구로 변한 거다.

신통방통한 묘약 같다고나 할까? 마음 시끄럽거나 불편할 때마다 한 알씩 꺼내 먹으면, 단박에 마음 편안해지는 네 가지 만트라. 어떻게 그게 가능한지 하나씩 차근차근 풀어보겠다.

첫 번째 만트라: 그럴 수도 있지!

이 만트라는 마음을 내려놓는 데 특히 효과적이다. 예전에는 누군가 눈에 거슬리는 행동이나 무례한 말을 하면 그냥 넘어가지 못했다. "어떻게 그럴 수가 있어?"라며 지적하거나 따지고 들며 시시비비를 가려야 속이 풀렸다.

이제는 알 것 같다. 세상 모든 사람이 내 기준에 맞춰 살 수도 없고, 내가 그들을 바로잡아줄 의무도 없다는 것을. 더구나 내가 언제나 옳은 것도 아니지 않은가? 그래서 요즘은 언짢은 상황이 생기면 숨을 크게 들이마시고 속으로 주문처럼 말한다.

'그럴 수도 있지.'

이 말 한 마디가 불타오르던 마음에 찬물을 끼얹은 듯 단박에 식혀주는 게 신기하기만 하다. 그래도 화가 안 가라앉으면 이 한 마디를 덧붙이면 직빵이다.

'성질 좋은 내가 져주지 뭐!'

져주는 건 지는 게 아니라 이길 힘이 있기에 양보하는 거니까.

얼마 전에도 이 만트라 효과를 톡톡히 봤다. 지인의 간곡

한 부탁이라 초를 쪼개 써야 할 만큼 바쁜데도 지방 지자체 특강을 갔다. 놀랍게도(!) 행사 담당자는 내빈들을 행사장 입구에 줄 세워 군수를 기다리게 했다. 뒤늦게 나타난 군수의 태도가 가관이었다. 거들먹거리며 성의 없이 악수하더니 한 손으로 명함을 내밀지를 않나, 강의 중 맨 앞줄에 앉아 휴대폰으로 통화를 하지 않나, 종국에는 강의 도중 비서진을 대동하고 우르르 나가는 게 아닌가?

얼굴이 화끈하고 속에서 불길이 치솟았다. 예전 같으면 분을 참지 못하고 그 뒤통수에 대고, "바쁘신 군수님이 먼저 가시네요. 일동 박수"라며 빈정거렸을 거다. 하지만 그날은 혼잣말처럼 이 만트라가 튀어나왔다.

"저럴 수도 있지. 성격 좋은 내가 참자."

강의 후, 미안해서 어쩔 줄 모르는 지인에게 웃으며 말했다.

"괜찮아요. 이 동네에선 군수가 그럴 수도 있나 보죠."

이 한 마디에 내 마음도 지인의 마음도 가벼워졌다. 만약 무대 위에서 군수에게 한 마디 했더라면, 그 순간은 통쾌했겠지만 그 뒤로는 오래 불편했을 게 뻔하다.

이제 "저런 말과 행동은 못 참아"라며 모든 일을 바로잡으려는 짐을 내려놓으려고 한다. 내가 살아보지 않은 세상을 뭘 안다고 단정할 수 있겠는가. 이것은 단념이나 포기가 아니라 새로운 선택이다. 사회 정의 구현만큼 내 마음의 평화도 소중하기 때문이다.

그래서 요즘 나는 무례한 경우를 만나면 그냥 속으로 중얼거린다.

"그럴 수도 있지."

두 번째 만트라: 이런 날도 있는 거지!

이 만트라는 운이 따라주지 않은 날을 쿨하게 받아들이는 데 특효다.

살다 보면 모든 일이 술술 풀리는 날이 있는가 하면 하나부터 열까지 꼬이는 날도 있다. 예전엔 운이 좋은 건 당연한 거고, 어쩌다 운이 나쁘면 '왜 하필 나한테 이런 일이…'라며 속을 끓이곤 했다.

요즘 들어 생각이 좀 달라졌다. 모든 날을 좋은 날로 만들

수도 없고 그럴 필요도 없다. 설령 맑은 날만 계속된다 해도 그게 반드시 좋은 것만도 아니다. 흔한 말로, 햇볕 쨍쨍한 날만 이어지면 결국 사막이 되는 법이다. 화창한 날도 있고 비 오는 날도 있는 건 자연스러운 일이다. 게다가 비가 나에게만 내리는 것도 아니고, 일 년을 따져보면 갠 날이 훨씬 많으니 억울할 것도 없다.

그래서 운이 좋지 않은 날에는 '오늘은 내 몫의 비 오는 날인가 보다' 하고 받아들이면 그뿐이다. "이런 날도 있는 거지" 하면서 말이다.

지난여름, 헝가리에서 네덜란드로 저가항공을 타고 가는 길이었다. 탑승 직전, 안톤의 배낭이 규정보다 크다며 비행기 값에 맞먹는 70유로를 내야 한단다. 허걱! 그동안 한 번도 이런 일이 없었는데 저가항공이라 짐 규정이 훨씬 엄격했던 거다. 꼼짝없이 거금을 물어야 했다.

내 자리는 하필 중간 좌석, 양옆으로 덩치 큰 부부가 갓난아이를 안고 있었는데, 내가 나타나자 몹시 못마땅한 표정으로 내 좌석에 놨던 짐을 치우며 툴툴거렸다. 고난은 계속되었다. 창가에 앉은 부인은 짐을 꺼낸다며 여러 번 나를 일으켜 세웠고 아이는 울고 보채며 내 무릎에 물까지 엎질렀다. 세 시간 내내 나는 속으로 만트라를 반복했다.

'이런 날도 있는 거지, 그렇게 비행기를 타고 다니는데.'

겨우 네덜란드에 도착하니 이번에는 내 수화물이 나오지 않았다. 서두르지 않으면 집에 가는 막차를 놓칠 시간이라 부랴부랴 문의했더니 내 짐이 다른 도시로 가서 내일이나 온다. 그러는 사이에 마지막 버스는 떠났고 결국 우리는 울며 겨자 먹기로 살인적으로 비싼 택시를 탈 수밖에 없었다.

평소 같으면 택시 안에서 난리가 났을 터. 내 분통이 언제 터지나, 조마조마한 표정으로 나를 보는 안톤에게 내가 뭐라고 한 줄 아는가?

"머피의 법칙이 있긴 있나 봐. 오늘처럼 말이야. 근데 괜찮아. 살다 보면 이런 날도 있는 거지, 어쩌다 한 번인데 뭐."

이 말을 듣고 놀라는 안톤의 얼굴을 보니, 그동안 내가 이런 일에 얼마나 길길이 뛰었는지 알 것 같아서 민망했다. 동시에 살짝 우쭐하기도 했다. 이번에는 나잇값 좀 했나 싶어서.

"이런 날도 있는 거지"라는 만트라는 단순한 체념이나 자기 합리화가 아니다. 좋은 날만 있어야 한다는 과한 기대에서 벗어나 흐린 날은 흐린 대로, 비 오는 날은 비 오는 대로 받아들이는 여유라고 생각한다. 덕분에 마음이 한결 가볍고 편해졌다면 그걸로 된 거 아닌가? 심리학자들은 이런 태도가 예상치 못한 상황에서 무너진 마음을 쉽게 회복하고 다시 일어설 수 있는 힘을 준다고 한다. 일리 있는 말이다.

세 번째 만트라: 다 거기서 거기야

이건 일희일비하지 않게 하는 힘이 있다. 얼마 전까지는 작은 성취에도 몹시 들떴고 사소한 실패에 크게 낙심했다. 인생 경험이 적을 때는 그러는 게 정상일 거다. 하지만 돌아보면, 대단한 성취로 보였던 일이 오히려 해가 된 경우도 있고, 큰 손해라고 생각했던 일이 시간이 지나면서 득이 되기도 했다.

전화위복이라기보다는 새옹지마에 가깝다. 모든 일에는 플러스와 마이너스가 함께 있는데, 나중에 합산해 보면 의외로 큰 차이가 없는 경우가 많다는 말이다. 그러니 플러스의 시간이 오면 적당히 기뻐하고, 마이너스의 시간이 오면 '종국에는 다 그게 그거야'라고 하며 쿨하게 넘기면 그만이라고 여기게 되었다.

5년 전, 안톤과 함께 쓴 열 번째 책 《함께 걸어갈 사람이 생겼습니다》는 코로나가 한창일 때 나왔다. 열 명 이상 모임이 금지된 상황이라 사인회나 북토크를 할 수 없었고 방송에서 책 관련 프로그램이 모두 없어져 책 홍보가 어려웠다. 그렇다고 예능 프로그램에 나갈 정도의 이슈도 없었고, 무엇보다 독자들은 '결혼한 한비야'를 낯설어했다. 결과는? 베스트셀러 제조기라는 별명이 무색하게 참참한 판매 부진이었다.

처음엔 의아했고, 곧 당황했고 나중에는 자존심이 몹시 상했다. 유능한 편집자와 같이 공들여 만든 책이 외면당한 현실을 받아들이기 어려웠다. 어디서부터 잘못된 걸까? 밤마다 자문하며 잠 못 이루는 날도 많았다. "어떻게 쓰는 책마다 베스트셀러가 되겠어? 이럴 때도 있는 거지"라는 안톤의 말도 전혀 위로가 되지 않았다. 그해 겨울, 우중충한 네덜란드 하늘처럼 내 마음도 잿빛이었다.

그러던 어느 날 이런 생각이 들었다.

"코로나 때문에 집 밖에도 못 나가는데 이 책을 영어로 번역해보면 어떨까? 혹시 해외에서는 통할지 누가 알아?"

순간 우울했던 마음에 활기가 돌았다. 겨우내 안톤과 함께 번역한 책은 따뜻한 봄날 아마존에 《I finally found someone to walk with》라는 제목으로 출간되었다. 내 책들 가운데 처음으로 영어판이 나온 순간, 작가로서 국제무대에 데뷔한 셈이었다.

돌아보면 책이 안 팔려 괴로웠던 시간은 마이너스, 영어판 출간은 플러스, 합산하면 '똔똔'이다. 세상일을 찬찬히 뜯어보면 다 이런 것 같다. 마이너스가 있으면 그만큼의 플러스가 있고, 플러스가 있으면 반드시 마이너스도 따라온다. 가까이서 보면 안 그런 것 같아도, 멀리서 시간을 두고 보면 그렇다. 이 순리를 받아들이는 순간, 마음의 평화가 찾아오곤 한다.

무언가를 선택할 때도 마찬가지다. 선택은 결국 얻는 것과 잃는 것 사이의 균형인데, 세상 모든 일은 플러스와 마이너스가 엇비슷하게 섞여 있는 것 같다. 한마디로, 세상에는 다 좋은 일도 다 나쁜 일도 없다. 그렇다면 번번이 일희일비하며 마음의 평화를 해칠 필요가 없는 거다. 그래서 요즘 나는 좋은 일이든 나쁜 일이든 속으로 이렇게 읊조린다.

"결국에는 다 거기서 거기야."

네 번째 만트라: 그러거나 말거나!

이 만트라는 남들의 시선과 평가 특히 과도한 비난과 비판에서 나를 지켜주는 든든한 방패다. 세상에는 남을 흉보거나 깎아내리는 게 취미이자 특기인 사람이 의외로 많다. 악의적인 비난으로 돈을 버는 정치나 연예계 유튜버 같은 '악독한' 보통 사람들도 제법 있다. 그들은 다른 이가 무엇을 해도 꼬투리를 잡는다. 앞으로 가면 왜 나가느냐, 뒤로 가면 왜 물러서느냐, 가만히 있으면 왜 안 움직이느냐 하면서. (나도 수년간 당해봐서 잘 안다.)

이럴 때 마음이 상하거나 신경 쓰이지 않는다면 거짓말일 거다. 그렇다고 일일이 해명할 필요는 없다. 오히려 반응을 보이는 순간, 비난과 악플 공세가 더 거세진다. 내가 전공했던 홍보학에서도 비난을 위한 비난에는 철저한 무대응이 최선이라 가르친다. 대신 내가 옳다고 믿는 길을 묵묵히 가는 것, 그것이 정답이다. 이게 말처럼 쉽지 않으니 이 만트라가 필요한 거다.

"당신들이 그러거나 말거나, 나는 내 길을 간다!"

이솝우화의 당나귀 팔러 가는 아버지와 아들 이야기가 이를 잘 보여준다. 동네 사람들은 빈 당나귀를 끌고 가자 어리석다 흉보았고, 아버지가 타자 어린 아들을 걷게 한다며 나쁜 아버지라고 손가락질했다. 아들이 타자 불효자라고 했고, 둘이 함께 탔더니 당나귀가 불쌍하단다. 비난에 못 이겨 결국 당나귀를 지고 가다가 강물에 빠뜨리고 말았다는 얘기처럼, 남의 말에 흔들리다 보면 아무것도 지킬 수 없다는 교훈이다.

누가 뭐라든 아버지와 아들 사정과 상황에 맞게 하면 되는 거였다. 당나귀를 편히 보내고 싶다면 빈 등으로, 아버지가 아프면 아버지가, 아들이 힘들면 아들이 타면 그만이다. 나름의 확실한 이유가 있다면 그 속사정을 동네 사람들에게 일일이 설명하거나 동의를 구할 필요가 없는 거였다.

우리도 마찬가지다. 내 생각이 확고하고 내 언행이 떳떳하다면 남의 말에 일일이 대꾸하거나 애써 해명할 필요가 없다. 대신 속으로 이 한 마디를 하면 된다.

"당신들이 그러거나 말거나, 나는 내 길을 간다."

타인의 시선이나 평가에 휘둘리지 않고, 남의 눈치 덜 보면서 나를 지키려면 마음의 근육이 단단해야 한다. 이것도 근육이니, 훈련하고 연습하면 늘게 되어 있다. 마음 근육 단련용으로는 만트라만 한 게 없는 것 같다. 특별한 장소나 기구도 필요 없고 방법도 3단계로 아주 간단하다. ① 잠시 눈을 감고 ② 심호흡을 깊게 한 후 ③ 만트라를 읊조리기만 하면 된다. 마음의 평화에 이르는 즉각적이고도 단순 명료한 길이다. 적어도 내게는 그렇다.

모든 것에는 때가 있나니:
지금이 바로
인생에서
가장 좋은 때

무엇이나 다 정한 때가 있다. 하늘 아래서 벌어지는 무슨 일이나 다 때가 있다. 날 때가 있으면 죽을 때가 있고 심을 때가 있으면 뽑을 때가 있다. 죽일 때가 있으면 살릴 때가 있고 허물 때가 있으면 세울 때가 있다. 울 때가 있으면 웃을 때가 있고 애곡할 때가 있으면 춤출 때가 있다.

《구약성서》 코헬렛(전도서) 3장 1~3절

누구나 한 번쯤 들어보았을 구절이다. 뒤로 여덟 번 더, 무슨 때가 있으면 무슨 때가 있다로 이어지는데 그 핵심은 하나다. '세상 모든 것은 정해진 때가 있다.' 하지만 같은 구절이라도 나이에 따라 그 의미가 전혀 다르게 다가온다.

20, 30대에는 '뜻대로 되지 않아도 모든 일에는 때가 있으니 인내하고 노력하며 너의 때를 기다리라'는 조언으로 읽었다. 40, 50대에는 '인생에서 가장 바쁘고 성과를 내야 할 때지만, 분주함과 압박감 속에서도 자신을 돌보라'는 메시지로 다가왔다. 그리고 지금, 내게는 이렇게 들린다. '더 기다리지 말고, 더 바라지도 말고, 지금 이 순간에 충실하라고. 지금이 바로 그럴 때라고!'

모든 일에는 때가 있다니, 문득 궁금해진다. 나는 지금 내 인생의 어느 때에 와 있을까? 진부하지만 계절로 치자면 가을로 접어든 건 분명하다. (우리도 자연의 일부라서 계절 비유는 언제나 잘 들어맞는다!)

가을이라면? 봄에 설레며 씨를 뿌리고, 여름에 땀 흘려 키워온 것들을 거두고 갈무리할 때 아닌가? 그러고서 주위를 돌아보니 자연은 이미 풍성한 가을의 한가운데였다. 들판에는 누렇게 벼가 익어가고, 마당은 콩이며 참깨며 붉은 고추로 그득하다. 무성하던 초록색 이파리들도 붉은 단풍으로, 노란 은행잎으로 변해가는 참으로, 아름다운 계절이다.

인생의 가을을 지나는 이때를 하루로 따져보면 언제쯤일까? 하루 24시간을 100세로 환산하면, 지금 내 나이는 대략 저녁 5~6시경. 가을의 이 시간대라면 늦은 오후와 이른 저녁 사이, 막 해가 지고 붉은 노을이 퍼지는 황혼 무렵이 될 거다.

인생은 바로 지금이 절정, 우리만의 Twilight zone

어릴 적부터 나는 해돋이보다 해넘이, 새벽 여명보다는 저녁노을을 훨씬 더 좋아했다. 그래서 여행 중에도 일출 명소에는 별 관심이 없는데 일몰이 유명한 곳은 어떻게든 가본다. 정확히 말하면 해가 넘어가는 순간보다, 그 후에 펼쳐지는 빛과 색깔의 향연인 노을과 황혼을 더 사랑한다.

올 초 라오스와 캄보디아 여행은 가히 '노을 여행'이었다. 처음에 잡은 테마는 '메콩강을 따라서'로, 한 달간 라오스 루앙프라방에서 캄보디아를 거쳐 베트남 호찌민시까지 강을 따라가는 여정이었다. 그런데 다니다 보니 자연스레 '메콩강 노을을 따라서'로 바뀌었다.

첫 도시 라오스 비엔티안의 강변 해넘이부터 예사롭지 않더니, 캄보디아 국경 근처 돈데이트섬의 일몰은 숨이 멎을 만큼 장엄했다. 워낙 유명한 일몰 명소라 일부러 섬 서쪽에 숙소를 잡은 덕분에, 숙소 마당에서도 식당에서도 매일 하늘 전체가 주홍색으로 타오르는 황홀한 노을을 볼 수 있었다.

압권은 메콩강 배 위에서의 노을이었다. 인기 만점인 선셋 투어에 승객은 나와 안톤뿐이었다. 사공 아저씨는 지는 해를 향해 노를 젓다가 선홍색 태양 바로 아래에서 멈췄다. 배의 모터가 멈추자 적막감이 흘렀고, 강 위로 떨어지는 햇살은 한 줄기 '빛의 길'을 만들며 우리 배와 지는 해를 이어주었다.

해는 강물을 붉게 물들이며 빨려들 듯 수평선 아래로 내려갔고, 해가 완전히 사라지자 하늘과 강이 하나의 거대한 캔버스로 변하며 본격적인 빛과 색의 향연이 시작되었다. 하늘은 주홍에서 분홍을 거쳐 자주로, 구름은 금빛에서 보랏빛으로, 강물은 짙은 코발트빛으로 물들어갔다. 해가 진 지 30분이 지나도록 서쪽 하늘은 여전히 빛을 품고 있었다.

그러다가 한순간 불꽃놀이의 마지막 클라이맥스처럼, 그동안의 모든 빛과 색이 일제히 나타나면서 360도 원형 캔버스를 가득 채웠다. 신음 같은 탄성이 절로 터져 나왔다. 그 순간, 그 풍경화 안의 한 점이 된 기분이었다.

"오늘처럼 아름다운 노을은 정말 오랜만이야."

흑청색으로 변해가는 하늘과 강물을 보면서 안톤이 말했다.

"그래, 우리 인생도 이쯤에 와 있지 않을까? 노을과 황혼의 시간 말이야."
"맞아. 해가 진 후 황혼 무렵이 가장 아름답듯, 우리 인생도 지금이 절정일지 몰라."
"그러니까 안톤, 이 시간을 충분히 누리자고요. 나중에 '그때가 좋았지' 하지 말고."
"그나저나 Twilight zone(황혼 무렵)이라! 우리 밴드 이름으로 딱이네! 어감도 좋고." (우리 미래의 밴드 이름이 탄생하는 순간이었다!)

노을의 행운은 여행 내내 이어졌다. 캄보디아 앙코르와트 근처 톤레삽 호수와 코롱섬 해변에서도 거의 매일 황홀

한 노을을 보며 감탄하고 감사했다. 지난 40년간 수없는 해넘이를 보았지만 이번 노을이 특별했던 건, 아마 우리가 바로 그 '노을과 황혼의 시간'을 지나고 있기 때문일 것이다.

이 시간이 지나면 메콩강 위처럼 흑청색 어둠이 내려오겠지. 그러나 어두워져서야 별빛과 달빛이 선명해지듯, 인생의 황혼 이후에도 분명히 그때만의 빛과 아름다움이 있을 거라는 확신이 들었다.

"솔직히 좋은 시절은 다 간 거지. 해는 저물고 어둠이 밀려오는 이 시간에 뭐가 더 남아 있겠어?"라는 사람도 있을 거다. 내 생각은 다르다. 성장과 성취를 이루기에는 아침이나 한낮이 적절하겠지만 성숙과 여유를 즐기기에는 저녁이나 밤이 훨씬 알맞다. 어느 한때가 모든 것에 다 맞을 리는 없다. 중요한 건 어디에 초점을 맞추고 삶 전체를 바라보느냐다.

계절로 봐도 그렇다. 각 계절마다 쓰임과 장단점이 있지 않은가? 봄은 화사하지만 황사와 꽃가루가 날리고, 여름은 생명력 넘치지만 덥고 지친다. 가을은 풍요롭고 아름답지만, 수확 끝의 허전함이 있고 겨울은 춥고 불편하지만, 고요하고 따뜻한 축제의 계절이기도 하다.

인생도 마찬가지다. 20~50대는 젊음과 패기가 있지만 미래에 대한 불안이 크고, 60대는 결실과 여유를 누리지만 지난 세월의 아쉬움과 그리움이 밀려온다. 80 이상이 되면 체력은 약해지지만, 그 대신 삶의 지혜와 평화가 깊어진다고 한다.

이렇게 보면, 가을을 사는 우리가 봄, 여름을 지나는 이들의 젊음과 패기와 열정이 부러워 참 좋은 때라고 말하지만, 정작 그들은 그 힘을 가진 대신 치열한 경쟁 속에서 하루하루를 버티고 있는 거다. 설마 그때가 좋았지, 라며 그 시절을 다시 한번 살고 싶다는 말은 아닐 터. 나 역시 그 시절의 막막함과 불확실성, 불안과 긴장을 두 번 다시 겪고 싶지 않다. 돌아보니 그 혼돈의 시기를 어떻게 지나왔는지 아마득하기만 하다. (지금 이때를 지나는 젊은이들에게, 내 마음 가장 깊은 곳에서 우러나오는 응원을 보낸다!)

세상 모든 일에는 플러스, 마이너스가 있듯 모든 때에도 빛과 그림자가 있다. 그러니 지나간 때를 그리워하고 아쉬워하는 대신, 이 순간 지나고 있는 계절을 제대로 살고 싶다. 이때만의 빛을 극대화하고, 그림자를 최소화하며 살고 싶다. 그렇게 사는 것이 현명하고 마음 편한 길이라고 나는 믿는다.

앞의 성서 구절은 이렇게 마무리된다.

하느님이 모든 것을 지으시되 때를 따라 아름답게 하셨다.
《구약성서》코헬렛(전도서) 3장 11절

내 방식대로 풀이하자면 이렇다.

"모든 때는 다 아름답도다. 모든 순간은 그때만의 빛이 있으니, 그것을 충분히 누리고 즐길지어다!"

결국 이 구절이 내게 전하는 결론은 간단하고 명료하다.

"그때도 좋았지만, 지금도 좋아!"

그때도
　　좋았지만,
지금도
　　좋아

때에 관해, 언제부턴가 자주 꺼내 쓰는 세 장의 만능 카드가 있다.

① 아직 그럴 때가 아니지.
② 지금이 바로 그때야.
③ 그럴 때는 지났어.

몸과 마음이 게을러져 새 디지털 기기 사용법처럼 새로운 것 배우기가 귀찮을 때, "나, 아직 그럴 때가 아니지"라고 중얼거리면 바로 몸과 마음이 움직인다.

반대로 장기 여행 등 하고는 싶지만 망설이는 일이 있을 때는 눈 딱 감고 '지금이 할 때야'라고 말하며 스스로를 밀어붙인다. 고난도 암벽등반을 하고 싶은데 더 이상 할 수 없을 때는, '그럴 때는 지났어'라고 생각하면 아쉬운 마음이 한결 누그러진다.

다만, 첫 번째와 두 번째 카드는 '하자' 쪽이라 마음만 먹으면 꺼내기 쉽지만 세 번째는 '하지 말자' 쪽이라 선뜻 내놓기가 어렵다. '아직 할 수 있을 것 같은데 벌써?'라는 생각이 스멀스멀 올라오기 때문이다. 마치 큰맘 먹고 버리려고 내놓은 옷을 버리기 직전, "이거 아직 입을 만하잖아?' 하는 심정과 비슷하다. 현실이 아니라 포기하려는 자신을 변명하거나 합리화하는 것 같아 마음이 불편하다.

그래서 세 번째 카드는 신체적인 한계 등 이유가 명백할 때가 아니면 좀처럼 꺼내지 못한다. '더 이상 못하겠어요', '이제 그만 할래요'라는 말이 차마 입에서 나오지 않는다. 어쩐지 자존심 상하고 열패감에 죄책감마저 들어서다. 오랜 '경주마 훈련' 때문이리라. 철들고부터 귀에 못이 박이도록 들었던 말들, 진리라고 여겼던 문장들을 떠올려본다.

'두려움을 떨치고 폭풍우 속으로!'

'고지가 바로 저긴데 여기서 멈출 수는 없어!'
'시도하지 않으면 100% 실패!'
'용기란 두려움이 없는 것이 아니라, 두려움을 이겨내는 것이다!'
'끝날 때까지 끝난 게 아니다!'

지금 보니, 이 문장들은 인생의 봄과 여름에는 딱 맞는 옷이었다. 그 덕분에 나도 좀 더 멀리, 좀 더 높이 날 수 있었다. 하지만 인생의 가을에 접어든 지금, 이 여름옷은 더 이상 어울리지 않는다. 그런데 가을옷으로 갈아입고 싶어도 맞는 옷을 찾기가 힘들다. '힘 빼도 돼! 포기해도 괜찮아!' 같은 말은 넘쳐나지만 어쩐지 편치가 않다.

그러던 어느 날 이규경 시인의 '용기'라는 시를 만났다. '할 수 있으니 용기를 내라고 할 때, 못하겠다고 말하는 것도 용기'라는 구절이 얼마나 반가웠는지 모른다. 추운 밤, 어깨 위를 따뜻하게 덮어준 덧옷처럼 부드럽게 위로가 되었다. 이 구절을 가을옷 삼아 쌀쌀한 문밖으로 나설 수 있을 것 같다.

어느 때든, 지금이 가장 좋은 나이

이제 이 세 장의 만능 카드, 아직 그럴 때가 아니지, 지금이 바로 그때야, 그럴 때는 지났어는 인생의 가을을 슬기롭게 지나기 위한 나만의 연장이 되었다. 다만 언제 어떻게 꺼내 쓰느냐에 따라 약도 되기도, 독이 되기도 한다는 것을 명심해야 한다. 결국 관건은 '때를 얼마나 잘 맞추느냐'에 달려 있으니까.

여기서 때는 불교식으로는 시절운^{時節運}, 한자어로는 적기^{適期}, 영어로는 타이밍 정도가 되겠다. 번번이 서두르다 놓치고, 뒤늦게 물러서서 후회하곤 하는 이 알맞은 때를 꽉 잡으려면 최우선으로 할 일이 있다. 내가 지금 어떤 '때'에 와 있나, 수시로 내 위치를 추적하여 현 위치를 확인하는 일이다.

고맙게도 내게 그 역할을 해주는 건 언제나 나보다 연세가 더 많으신 분들이다. 내 등산 모임 '왕언니 군단'의 92세 '우리의 왕언니', 80세 생일 케이크를 북한산 인수봉 정상에서, 90세 생일 떡시루는 북한산 숨은 벽에서 자른 분이라면 말 다했다.

얼마 전 하산길에서 내가 무릎 때문에 절뚝거리니까, 혀를 차며 말씀하셨다.

"비야 박사, 무릎이 아파서 그라제? 한창 젊은 아(아이)가 그래가 우짜겠노?"

90대 그분 눈에는, 60대 내가 아직 '아이'인 거다.

며칠 전엔 80대 초반 '팔청(80대 청년)과 70대 중반 칠청(70대 청년)' 두 분과 점심을 했다. 여전히 마라톤과 스키를 즐기고, 유쾌함과 지혜를 겸비한 나의 사회적 '오빠'들이다. 내가 로힝야 난민촌 이야기를 하자, 팔청 오빠가 고개를 끄덕이며 말했다.

"한 교수, 아직 60대지? 한창 좋은 때야. 하고 싶은 거 다 해봐요."

이 말이 끝나기도 전에 해외 출장만 400번, 대한항공 마일리지만 100만 마일리지가 훨씬 넘는 해외파 칠청 오빠가 덧붙였다.

"가고 싶은 데도 원 없이 다 가봐야죠. 60대면 아직 핏덩이인데."

그 말을 듣고 한참을 웃었다. 나도 대한민국 공인 '지공(지하철 공짜) 어르신'이지만, 그분들 눈에 나는 아직 한창 때이고 참 좋은 나이고, 아이이고, 핏덩이이다.

재밌는 건 나 역시 40대, 50대를 보면 '참 좋은 나이'라는 말이 절로 나온다는 거다. 그들도 보나마나 자기보다 10년쯤 어린 20대, 30대에게 똑같이 말할 거다. 심지어 내 학생 중 대학교 4학년이 1학년 새내기들에게 "참 좋은 때다"라고 말하는 것도 종종 듣는다. (참으로 가소롭다. 하하하!)

'핏덩이'가 뭘 안다고

이쯤 되면 답은 분명하다. 우리가 몇 살이든 우리의 '지금'이 누군가에게는 부러울 만큼 좋은 때다. 근데 정작 이 좋은 때에 살고 있는 우리는 왜 '그때가 좋았지'라거나 '좋은 때는 다 지났어'라는 자조적인 말을 입에 달고 사는 걸까?

한 살에게도 두 살은 처음이고, 100세에게도 101세는 처음이다. 나이를 먹는다는 건 결국 '처음인 나이'를 사는 일이다. 그래서 우리는 해마다 새로 받는 숫자가 낯설고, 특히 앞자리 숫자가 바뀔 때면 '아니 벌써?' 하며 가슴이 철렁 내려앉는다. 살아본 나이 중 가장 많은 나이를 살고 있으니, 늘 지금의 나이가 '너무 많다'고 느끼는 건 어쩌면 당연하다.

예전에 쓴 내 글을 보면 나도 그랬다. '내 나이 벌써 불혹의 마흔', '어느덧 오십줄' 이윽고 '예순'이라며, 마치 세상 다 산 것처럼 말끝마다 내가 살아보니, 이 나이가 되어보니 하면서 단정적으로 말하곤 했다. 지금 보니 참으로 가소롭다. '핏덩이'가 뭘 안다고.

진짜 무서운 건, 나이를 먹는 게 아니라 나 스스로를 '늙었다'고 여기는 마음이다. 내 친구 중에는 사진 찍기를 극도로 싫어하는 이가 있다. 사진 속 나이 든 얼굴을 마주하기 싫다는 거다. 유쾌하고 유연한 성격이라 모두가 좋아하지만, 단체 사진을 찍으려면 애원하고 읍소하며 살살 달래야 겨우 한두 장 찍어주는(!) 천하의 고집불통으로 변한다.

요즘은 과거 사진을 자동으로 보내주는 휴대폰 앨범 기능 덕분에, 가끔 오래된 단체 사진이 뜨는데 10년 전은 물론이고 5년 전 사진만 봐도 다들 너무 젊고 예쁘다!

"이것 봐. 네가 제일 예쁘구만." 했더니 그 친구는 대수롭지 않게 말한다.

"당연히 예쁘겠지. 이게 5년 전이니까."

"너 말 잘했다. 지금 찍는 사진도 5년 후엔 예쁘다 하지 않겠어? 그러니까 이제 단체 사진, 순순히 같이 찍기다. 오케이?"

이렇게 보면 주민등록증에 적힌 나이는 바꿀 수 없어도, 어느 방향을 보느냐에 따라 체감 나이는 분명히 달라진다. 이미 지나온 시간을 보면 지금이 내 인생에서 제일 많은 나이고, 앞으로 남은 시간을 보면 지금이 내 인생에서 가장 젊은 나이다! 어느 쪽을 볼지는 결국 내 선택이다.

나는? 나는 공평하게 앞뒤를 번갈아 보기로 했다. 뒤를 보며 "그때가 좋았어"라 말하고, 앞을 보며 "지금이 제일 좋을 때야"라고 말하면서. '그때도 좋았지만, 지금이 더 좋아'라고 말할 수 있으면 최고겠지만 적어도 이렇게는 말하면서 살고 싶다.

"그때도 좋았지만, 지금도 좋아."

에필로그

내 곁을 지켜준
독자들에게

휴우!

속이 후련하다. 오랜만에 '바람의 딸'로 돌아와 그동안 쌓인 여행 이야기를 마음껏 쓰고 나니, 이렇게 신나는 일을 왜 그동안 한사코 망설였던가 싶다.

이번 책에 실린 23편의 글은, 올 한 해 동안 한국과 네덜란드를 오가며 한 편 한 편 모두 새롭게 쓴 것이다. 그동안 여행 원고 청탁에 응하거나 기고도 하지 않았고, 블로그를 포함한 SNS에도 글을 올리지 않았으니, 이번 원고는 오롯이 내 기억과 손으로 쓴 일기장, 그리고 이전에 쓴 열 권의 책에 의지해 완성했다.

무엇보다 그날그날의 감정을 카메라처럼 담아둔 일기장이 없었다면, 이 책은 세상에 나오지 못했을 것이다. 오늘의 나를 만든 세 가지 물건인 세계지도, 산, 일기장 중 이번에는 일기장이 한몫 단단히 해주었다.

지난 책들을 다시 읽어보니, 60대의 내가 30, 40, 50대의 나를 마주한 기분이었다. 어떤 글은 여전히 같은 생각이라 신기했고, 어떤 글은 대단히 나이 든 사람의 '한 말씀' 같아서 피식 웃음이 났다. 고르고 골라 쓴 이 책도 훗날 읽으면 가소로운(!) 대목이 분명히 있을 거다. 그래도 지금의 내 모습 그대로 사진 찍듯 글로 남겨 놓았다. 나중에 이때 나는 이랬구나! 라며 '언니 미소'를 짓기 바라면서.

하나, 이번 책에도 여실히 드러나 버렸다. 이제 나도 인생의 가을에 들어섰으니 성숙해질 만도 하건만, 여전히 사소한 일에도 흔들리고, 화가 치밀고, 속이 뒤집히는 사람이라는 사실이. 그럴 때면 '나, 영영 나잇값 못 하고 사는 건 아닐까?' 싶어 두렵기도 하다.

하지만 가을에도 종종 한여름 같은 더운 날이 있지 않은

가. 이런 이상 기후에도 불구하고 계절은 천천히, 그러나 확실히 변한다. 나도 그런 것 같다. 가끔은 여름처럼 마음이 들끓어도, 서서히 느긋하고 평온한 쪽으로 가고 있음은 분명하다. 그래서 다행이다.

독자와 함께한 지난 30년

첫 책이 1996년에 나왔으니 독자와 함께한 세월이 어느덧 30년이다. 아, 나의 독자들! 나는 SNS를 일절 하지 않고, 지난 10여 년간 방송이나 언론에도 거의 나가지 않았다. 그래서 요즘 나를 알아보는 분들은 십중팔구 내 책을 읽은 독자들이다.

"어머, 한비야 작가님 아니세요?"라고 반가워할 때마다 신기하고, "다음 책, 언제 나와요?"라고 물을 때는 껴안아주고 싶을 만큼 고맙다. 글쟁이로서 가장 짜릿하고 행복한 순간이다.

오랜 세월 내 곁을 지켜주고, 믿어주고, 아껴주고, 기다려주고 함께 웃고 울며 성장해온 독자들에게 가슴 가장 깊은 곳에서 우러나오는 감사를 드린다. 나의 안식처이자 피난처, 동시에 자극제이자 안정제였던 이분들에게, 이 책을 바친다.

이번에 처음 만나는 독자들도 두 팔 벌려 환영합니다.

"Welcome to My World!"

25년 전 아프가니스탄 현장 기고를 계기로 맺은 인연을 이어오다, 이번 책을 내자며 의기투합한 박정호 중앙북스 기획위원에게 특별한 감사를 드린다. 책을 같이 작업한 조한별 책임 편집자에겐 '쿨하게 쪼는 법'을, 프로필 사진을 찍어준 권혁재 중앙일보 사진전문기자에겐 '프로의 느긋한 치열함'을 배웠다. 모두, 고맙습니다!

책 쓰는 동안 밤낮없이 달콤한 밀크커피를 대령하며, 따뜻하게 응원해준 남편 안톤에게도 '달콤한' 마음을 전한다. Dank U Wel! (고마워요!) 이제 책 다 썼으니, 슬기로운 주부 생활로 복귀할 거라면 믿어줄까나? 하하하!

그때도 좋았지만, 지금도 좋아!

초판 1쇄 2025년 11월 24일
　　 2쇄 2025년 11월 28일

지은이 한비야
발행인 박장희
대표이사 겸 제작총괄 신용호
본부장 이정아
기획 박정호
책임편집 조한별
마케팅 김주희 이현지 한륜아 이나경

사진 권혁재
디자인 데일리루틴

발행처 중앙일보에스(주)
주소 (03909) 서울시 마포구 상암산로 48-6
등록 2008년 1월 25일 제2014-000178호
문의 jbooks@joongang.co.kr
홈페이지 jbooks.joins.com
인스타그램 @j_books

ⓒ 한비야, 2025
ISBN 978-89-278-8128-5 (03810)

- 이 책은 저작권법에 따라 보호받는 저작물이므로 무단 전재와 무단 복제를 금하며 책 내용의 전부 또는 일부를 이용하려면 반드시 저작권자와 중앙일보에스(주)의 서면 동의를 받아야 합니다.
- 책값은 뒤표지에 있습니다.
- 잘못된 책은 구입처에서 바꿔 드립니다.

중앙북스는 중앙일보에스(주)의 단행본 출판 브랜드입니다.